何为生活，何以为美？

前言

有一种美令世界惊叹，也让世人遗憾，只因照相机无法抓住它的灵魂，语言文字无法形容它的神韵，再造仿品无法复刻它的气韵。唯有真切地去观赏、去品味它的美，或许才能体会一二。它就是站在古代美学巅峰的宋瓷。

瓷，关乎艺术，关乎生活。宋人将自己对美好生活的向往渗透到了杯、瓶、碗、盘、盏等日常器具之中。宋人这种崇尚淡雅、钟爱天然的审美情趣塑造了宋瓷独一无二的风韵之美。作为和中国共用一个英文名字（China）的“瓷器”，它的美是无国界的文化美，是风靡全球的艺术美。比利时收藏家马克曾将西方艺术理论套用在宋瓷身上，分析了它在全世界范围内大受欢迎的原因：“它的器形美在线条上，吸收了中国绘画的精髓，有对称的美感；表现手法简洁，只用釉色说话，而少有纹饰，跟西方极简主义的手法有相似点。”

宋瓷的艺术创造与宋人的生活环境、政治背景、经济条件等密不可分。在风华璀璨的大唐之后，宋朝将那些繁华一一拂去，含蓄朴素、清净素雅的审美情趣沉淀了下来，在宋瓷身上一一展现出来。在我国古代陶瓷史上这个最璀璨、最昌盛的时代，窑口林立，百瓷争锋。汝窑、官窑、哥窑、钧窑、定窑五大名窑，被皇家赋予了神圣的光环，互相辉映。磁州窑、耀州窑、吉州窑等八大民窑则代表民间瓷器的发展，名垂“瓷”史，光芒四射。

“雨过天青云破处，者般颜色做将来”，谁能想到位列宋代五大名窑之首的汝瓷竟然源于宋徽宗梦里的灵感呢？莲花式温碗和执壶配套使用，深谙养生之道的宋人喝酒也要“温热”的；谁能料到世界上唯一一件没有片纹的汝窑水仙盆竟命途多舛？从默默无名的“异乡人”一跃成为宋朝的“顶级红人”，却又从珍宝“沦落”为猫食盆；谁能不为一件带有“奉华”款识的纸槌瓶的故事所动容，看帝王用瓷器告白，今人也能遥感古人的浪漫。

两宋的复古风潮达到了顶峰，映照在瓷器上，表现为仿铜器造型的陶瓷礼器，于是能成“大器”的官窑应运而生。这个因帝王而生，与北宋共存亡，又在南宋得以延续的窑口所产的瓷器简约到极致，被称为“王者之瓷”。官窑粉青花觚，拥有典雅端庄的艺术美感，体现了“北宋官窑总设计师”宋徽宗的审美情趣；官窑青釉圆洗，自带“紫口铁足”的身份象征，还有乾隆皇帝为它倾情写诗；官窑青瓷簋是复古的经典之作，从极具代表性的青铜礼器，发展为复刻而成的青瓷器……这类熟悉又陌生的器物就是两宋时期复古潮流下独特的产物。

作为故事最多的窑口，哥窑的起源、发展和消亡是如此神

秘。有人将它身上的“金丝铁线”纹片戏称为“茶叶蛋”，它却用时间证明了自己的独特魅力。从月白窑变米色葵瓣口盘，看宋朝食器之美。对舌尖上的宋朝来说，美食和美器兼备，实用和美观兼得，于是你会看到哪怕只是日常用餐的器具，宋人都做到了精益求精，给了它绝美的形态和独特的韵味。

定窑白瓷作为宋瓷中的“白富美”，以其独特恬淡的中和之美及白中透黄的温润质感而闻名天下。“定州花瓷瓯，颜色天下白”，从定窑白瓷铺首龙耳方壶看定窑绝美的刻花工艺；从定窑白瓷婴儿枕，看这只“小可爱”是如何俘获宋人的“芳心”，以至于一枕难求卖断了货；还有那神秘的“红定”竟然珍贵到让一国之君大发雷霆……

“入窑一色，出窑万彩。”宋人以烈火为画笔，画出了神奇的钧窑瓷。被火苗亲吻过的瓷胎，一热便画下了斑斓的玫瑰紫、海棠红，一凉又生出了明澈的青，火苗跃动间，火势浮动下，各种色彩交织在一起，为钧瓷画下了瑰丽无比的衣衫。

如冰似玉的青白瓷是景德镇窑的经典巨献。一个花形的小盒子却暗涌着窑口之间激烈的竞争，成为宋代“美妆达人”必备的“美容神器”，体量娇小的影青弦纹三足炉是抚琴时不可

或缺的雅器。而它的产地景德镇，这座因瓷而生、因瓷而名的城市直到如今依然稳坐“中国瓷都”的宝座，产品畅销全球。

作为官窑中的遗珠，虽然磁州窑没有被征选为宋朝的“官窑”，但它以独特的黑白艺术得到了广大百姓的喜爱。在民间，磁州窑就是时髦的象征。看充满乡土气息的“黑白瓷”如何逆袭走上“爆款”之路，从狗形器看宋朝的玩具风潮和“汪星人”的幸福生活。

平平无奇的龙泉窑从诞生之初便一路钻研创新，终于以独特的梅子青釉登顶青瓷巅峰。作为现今收藏界的“当红炸子鸡”，龙泉窑凤耳瓶跟着南宋的“海上陶瓷之路”走向全球，在世界舞台上大放异彩；龙泉窑青釉梅花式盏就是这么一朵不知名的小“花”，却蕴藏着宋人对梅花深厚的情愫。

还有那以刀代笔的耀州窑，用奔放豪迈的刻花工艺，让平凡的器物有了活力之美，成为北方的青瓷代表。以生产茶具而闻名天下的建窑，生产的建盏成为大宋的斗茶专用盏，其中的兔毫盏更是让一国之君为之倾心。

吉州窑，作为最具民族特色的民窑之一，谁能想到黑釉瓷里还可以悠然地斜躺一片树叶、一张剪纸……它将瓷器的实用性与艺术性完美结合了起来。

刘勰在《文心雕龙》一书中谈道：“时运交移，质文代变……故知歌谣文理，与世推移。”随着时间的推移，时代和社会在发展的同时产生了巨变，而艺术亦会随之不断发展。

作为一种艺术形态，瓷器的造型和品类必然根植于它所属的时代。可以说，每一件宋瓷都是两宋时期经济、文化、政治、社会发展的映照，无不闪现着宋人对美的执着、对生活的热爱。如今，这些浸润着历史的珍宝穿过近千载的岁月，依然散发着神妙到极致的莹润光华，向我们默默诉说着两宋的辉煌与璀璨。

目录

汝窑，
宋徽宗憧憬的雨过天青色

“奉华”款瓷器的浪漫传说

南宋宫闱杂咏

——清·赵棻

论诗赞画侍宸游，艳才清绝数大刘。
想见芝泥红沁纸，奉华小印擅风流。

清代赵棻的这首诗中有两个谜：艳才清绝的“大刘”是谁？风流的“奉华小印”又是何物？若想拨开迷雾，寻求答案，还要从陶瓷史乃至宋史上的一段公案说起。

在传世的汝瓷作品中，有这样一类特殊的器皿，它们因瓶底镌刻的字而有了特别的“身份证”，“奉华”款就是其中之一。有人这样解读宋代瓷器底部的奉华堂印：奉华堂印是北宋时期宋徽宗后宫宠妃刘贵妃的一枚印章，因刘贵妃居住在德寿宫的配殿奉华堂而得名。《宋史》上记载，虽然刘贵妃出身寒微，但长得光艳风流，徽宗一见，便心生欢喜。再加上聪颖的刘氏不仅有些文才，还特别会迎合徽宗的好恶，所以徽宗对刘贵妃恩宠有加，两人浓情蜜意，几乎形影不离。

于是，有些人根据史书推测，宋徽宗将书画、瓷器等珍宝赏赐给刘贵妃，这些收藏在奉华堂的珍宝大多被镌刻上了奉华堂的钤印。作为宋徽宗亲自设计并督造的汝瓷之一的纸槌瓶，自然也被收入奉华堂中。这一切看似顺理成章，但终究是个谬传，宋徽宗宠爱刘贵妃不假，可遍查北宋史料，也没看到任何有关纸槌瓶藏于奉华堂的记载，由此可见，这个说法可能是错误的。

那么“奉华小印”的主人“大刘”到底是谁呢？这里又要延伸出另外一个爱情故事了。《西湖游览志》里记载：“褒亲崇寿教寺，俗称刘娘子寺。宋绍兴十八年刘贵妃建。贵妃，临安人，入宫为红霞帔，得幸，累迁才人、婕妤、婉容，寻进贵妃，专掌御前文字。工书画，画上用奉华堂印。”这里记载的刘贵妃是南宋时期宋高宗赵构的爱妃，也是“奉华小印”的真正主人。

刘氏生得花容月貌，又工于诗书，才华横溢，贤名在外。

汝窑“奉华”款纸槌瓶
台北故宫博物院藏

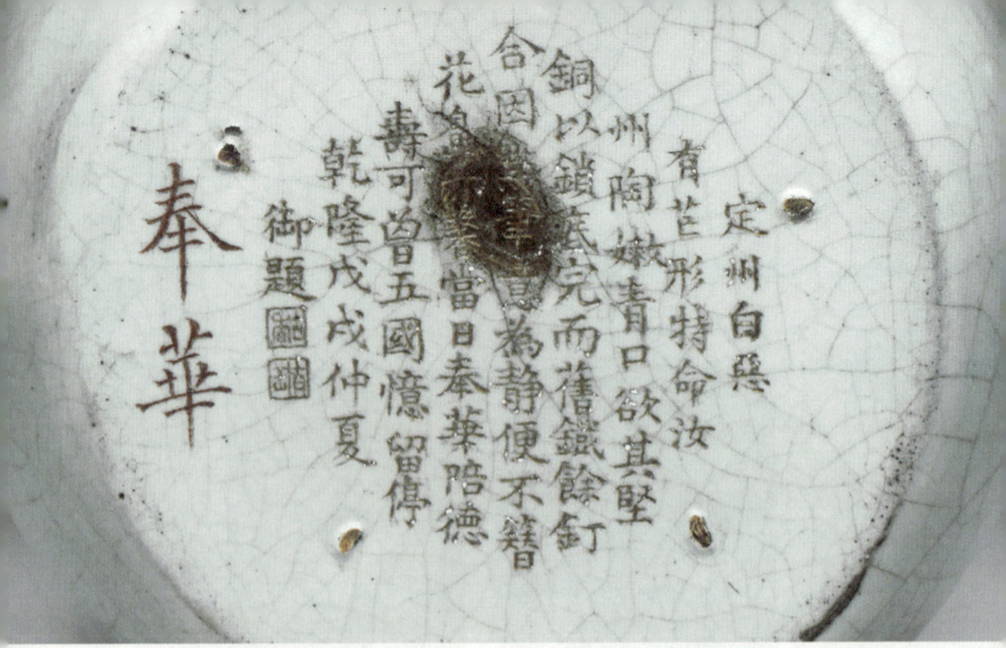

汝窑“奉华”款纸槌瓶底面
台北故宫博物院藏

宋高宗自看到她的画像后就一见倾心，于是将她迎入宫内，对她极尽宠爱。宋高宗爱刘贵妃爱到深入骨髓，一得到奇珍异宝，便迫不及待与刘贵妃共赏，过后更是将这些珍宝交由贵妃一手收藏保管。为博美人欢心，赵构甚至不惜在珍贵的汝窑瓷器底部镌刻上专属于刘贵妃的“奉华”铭记，以表达自己缱绻的爱意。宋徽宗与宋高宗父子二人皆有一刘贵妃，有着这样的巧合，难怪有人将二刘混为一谈了！

汝瓷本就寥若晨星，现留存下来的“奉华”款汝窑瓷器仅有四件，而如今，这件见证了宋高宗柔情的“奉华”款纸槌瓶被收藏在台北故宫博物院。纸槌瓶因造型如造纸打浆时所用的槌具而得名。因为其瓶颈一般较长且直，所以又有“直颈瓶”之称。此瓶圆口，口沿镶嵌铜扣。再观其颈部，并非上下一致，而是呈现上细下粗的形制。肩部斜折，腹部微鼓且上丰下敛。底部平实微敛，外底留有因采用支烧法而残存的五个支钉痕迹，隐约可见其香灰胎色。

“奉华”款纸槌瓶通体均施粉青釉，釉色淡雅素净，如春雨般柔和清润，妙不可言。釉面满布如宝石结晶般闪烁的细碎开片纹，颈肩处釉面肥厚，浮现“雨过天青”之色。端庄古朴、典雅圆润的它无时无刻不散发着淡雅之韵、意趣之美。可谁又能想到，在这件集天地精华、融顶尖工艺、经烈火锻造才造就的青瓷身上还流传着一段刻骨铭心的屈辱历史。

几百年后，清朝的“超级瓷器发烧友”乾隆皇帝即便在政务繁忙的情况下，也不忘为其钟爱的“奉华”款汝窑青瓷纸槌瓶题诗一首，吟咏赞叹一番。至今，“奉华”款瓷器底部还留有乾隆皇帝的御诗：

定州白恶有芒形，特命汝州陶嫩青。
口欲其坚铜以锁，底完而旧铁余钉。
合因点笔意为静，便不簪花鼻亦馨。
当日奉华陪德寿，可曾五国忆留停。

这首诗的前半部分描写汝瓷诞生的因缘与此瓶的具体

造型。第一句讲述了宋徽宗“弃定用汝”的理由，此言并非空穴来风，南宋诗人陆游在《老学庵笔记》一书中也曾说道：“故都时定器不入禁中，惟用汝器，以定器有芒也。”这说明宋徽宗不喜定瓷有芒（即器物口沿无釉），而通体施釉的汝窑青瓷则全然迎合了这位皇帝的喜好。最后一句“当日奉华陪德寿，可曾五国忆留停”，诗中有些调侃意味地反问宋高宗：奉华殿里红袖添香、浓情蜜意时，可还记得被囚禁在五国城里的徽宗与钦宗？

靖康二年（1127），金兵大举南下，攻破汴京，宋徽宗和宋钦宗被俘。数月后，金兵带着他们搜刮的大批金银财宝和名贵瓷器，押解着徽宗、钦宗及一众皇亲贵族和朝臣等三千余人随军北上。徽、钦二帝在上京（今哈尔滨市阿城区白城村）面见金太宗后，分别被“册封”为昏德公、重昏侯。此后几经周折，最终，两位俘虏皇帝被囚禁在了五国城（今黑龙江省依兰县）。

金天会十三年（宋绍兴五年，1135），被囚禁九年且受尽折磨与欺侮的宋徽宗死于五国城。绍兴十一年（1141），南宋与金朝签订了屈辱的条约——《绍兴和议》，结束了多年的交战。宋金和议后，金国应许宋高宗生母韦贤妃连同徽宗棺椁回归南宋。

当韦贤妃的车马即将启程时，宋钦宗赶来挽住她的车轮，伏在地上泣血恳求韦贤妃说服高宗将他也“赎”回去，他只求回到故国，哪怕做一个闲散的道士，修道一辈子就心满意足了。但出于种种原因，宋钦宗至死都未能回到家园，多年后，金朝打算将宋钦宗的棺椁还给宋朝，却遭到了宋朝使者的婉拒。柔情是他，绝情亦是他，“奉华”款汝瓷纸槌瓶同时见证了赵构的厚爱与薄情。

月笼轻纱，入夜后，清露微白，凝结成霜。宋高宗驾幸奉华宫，烛光摇曳，洒下一片淡雅的清辉，衬得刘贵妃那凝脂般的俏脸更加楚楚动人。此时，多宝阁上的纸槌瓶正泛着清幽的荧光。帝王的心不由得为之一动：“只要爱妃欢喜，朕愿将天下的珍宝都送与你，包括先帝心爱的这只汝窑粉青纸槌瓶！”

因此瓶底有“奉华”二字，所以我们今天把这只汝窑纸槌瓶叫作汝窑粉青奉华纸槌瓶。

史上最贵的梦

深蓝的天幕上阴云暗涌，没有一丝风，连空气似乎都凝住了。一个穿着青色长袍的男子被闷热扰得心中浮躁："来人，来人！"连叫了数声，却仍不见侍从的身影。吱呀一声，男子紧锁着眉头，走到窗前将雕花的木窗打开。狂风忽至，一道银白色的闪电划过天空，雷声轰隆，男子神色慌张，有些不知所措。

就在他欲冲出房间时，滂沱大雨倾盆而下，拦住了他的去路。男子凝了凝神，长舒了口气，仿佛在告诉自己要沉静下来。于是他焚上香，捧上一卷书，渐渐沉浸于室内安详的气氛中。过了许久，窗外风雨的嘈杂声渐弱，风停雨歇。

男子放下手中书卷，起身疾走了几步，推窗看去，不由愣住：眼前的天空是雨过天晴的一瞬间才有的颜色。前一秒，墨云还在空中翻滚，只一刹那，清风便将黑团拨开，露出了被水洗过的澄澈天空。浮云流动处染上了一抹青色，那似蓝非蓝、似绿非绿的颜色格外令人着迷。该怎么去形容那骤雨过后的天空呢？男子还在思索，只听耳边一阵声音传来：“官家，官家，卯时了。”内监跪在龙床之下，轻声提醒。宋徽宗方才从睡梦中醒来，只觉得有些恍惚，又怔了一会儿，才真正回过神来，竟然是梦一场啊！

传说，宋徽宗曾经做过一个梦，他梦到大雨过后，天空出现了一抹天青色，这种特殊的颜色令他心生向往。他醒后，写下了“雨过天青云破处”的句子，并下令全国瓷匠烧制类似色泽的瓷器。最后，汝州的工匠从众窑口里脱颖而出，烧出了令宋徽宗满意的天青色。至此，这一帝王梦中的“绝色”成了汝窑的代名词。

汝窑因位于河南汝州（今汝州市）而得名。汝瓷于唐朝中期开始烧制，至北宋达到巅峰。南宋叶寘在《坦斋笔衡》品评各窑口时，称“汝窑为魁”。北宋哲宗、徽宗时期，汝窑被皇家垄断，专为宫廷烧制贡瓷，因此，汝瓷也有“汝官瓷”之称。

深受皇家喜爱的汝窑，其发展可谓一日千里。据说当时汝河沿岸的窑场炉火连天，从汝州严和店到段店一带的瓷窑日收入可达万贯，由此不难推测当时汝州制瓷业的繁荣。尽管汝窑的青瓷呈现出来的色调深浅不一、各有不同，但其基调都是天青色。可以说，这种素雅清逸的柔和色调是依照北宋士大夫阶级所推崇的审美趣味而专门打造的。

宋徽宗为何独爱汝窑，并一手将它捧到了诸瓷之首的至尊位置？其实这个谜题并不难猜。只要我们再次回溯宋徽宗的一生，谜底就能浮出水面。宋徽宗是一位天赋异禀的艺术家，他不仅工于诗词，还书画双绝，其独创的瘦金体更是在书坛留下了浓墨重彩的一笔。作为一流的文人，他的艺术品位反映在瓷器上，讲究的就是清雅莹润、简约净美，即追求隽永的韵味。因此，他一手打造的瓷界巨星——汝窑青瓷必定是符合他的审美且充满独特人文气息的艺术品。

宋徽宗不仅是一个标准的文艺青年，还是一个虔诚的道教信徒。据史料记载，政和七年（1117），宋徽宗曾给道录院下令："朕夙昔惊惧，尚虑我教所订未周，卿等可上表章，册朕为教主道君皇帝……"诏令中，他不但自称"神宵帝君"下凡，还亲自怂恿群臣上表册封自己为"教主道君皇帝"。

宋徽宗对道教的痴迷还体现在他的行动上。如设立道学制度，提倡士子们学习道教经书，并把道教抬到了"国教"的地位。道教主张"清静无为"，崇尚纯正恬静。他们认为在五行五色中，木属东方，颜色为青色，象征着万物的生命。道

汝窑淡天青釉弦纹三足樽式炉
北京故宫博物院藏

教对青色的追求自然影响了宋徽宗的审美倾向。

如今收藏在北京故宫博物院的宋代汝窑淡天青釉弦纹三足樽式炉就是汝瓷技艺的代表作品。这件樽式炉高 12.9 厘米，口径为 18 厘米，底径 17.8 厘米，整体呈直筒形，外壁近口沿处和近足处各饰有两道凸起的弦纹，腹中部饰有三道凸起的弦纹，器底平整，下承三兽足。细看之下，就会发现其外底部还有五个细如芝麻粒的支钉痕迹。

不过此器最动人心魄的还要数它雨过天青般的釉色，这种如风雨过后青草般的色彩看似平淡无华，实则温润如玉，韵味悠长。“茫茫烟雨尽看淡”，汝瓷的釉色之美不止于它的冰肌玉骨，还在于它落落大方的高洁气质。

樽是秦汉时期常见的一种青铜器型，一般会与盘一起搭配出现，根据不同用途有不同的叫法。宋代樽式炉有的是对汉代酒具铜樽的仿制，时人称作“奁式炉”。“樽”与“奁”其实是两种不同的器型，人们将温酒或盛酒水的容器称为樽，其材质一般为铜器，而用来放置“化妆品”或食物的叫作奁，奁一般配有盖，大多为漆器，偶见铜器。但到了宋代，樽与奁的区别逐渐模糊，出现混用的现象，人们往往把圆筒直壁的香炉称为“奁”“小奁”“奁炉”等。

宋末元初诗人周密在其追忆南宋都城临安城市风貌的著作《武林旧事》中写道，“（张俊进奉）汝窑酒瓶一对，洗一，香炉一，香合一，香球一，盏四只，盂子二，出香一对，大奁一，小奁一……”这里记载的“大奁一，小奁一”，极有可能就是这类汝窑三足樽式炉。

汝窑烧造御用瓷器的时间很短暂，金兵入侵后，大肆烧杀掠夺，导致本就产量稀少的“汝官瓷”毁于一旦，至南宋时期，已有“近尤难得”的记载。

汝瓷因帝王的恩宠而登上巅峰，也随着王朝的衰败而消亡。透过汝瓷这清雅素淡的天青色，似乎还能瞧见宋徽宗梦中那片静谧澄澈的天空。

唯一没有开片的汝瓷“猖食器”

岁末寒冬之际，花事岑寂。它带着素白的玉瓣、青绿的叶片，若凌波仙子般踏雪月而来，亭亭玉立于清波之上，散发出一缕缕幽香，它就是袅娜多姿的水仙。

水仙，又名天葱、金盏银台、洛神香妃等，其娉婷绰约的花姿、冰清玉洁的神韵和素雅清新的芳香深得古人的喜爱。

宋时，每逢岁旦之日，文人雅士便会在室内案头处摆上以供观赏的物品，包括盆景、插花、文房等，这些在春节期间摆放的物品被称为“岁朝清供”。新年伊始，盛一泓清澈的水，点缀几块文石，择一盆秀美的水仙，为满室增添一抹亮色和盎然的春意，体现了宋人独特的情调与品味。

据明代文震亨《长物志》中记载，六朝时水仙已经传入中国，作为地道的外来物种，它一度籍籍无名。然

汝窑青瓷无纹水仙盆
台北故宫博物院藏

而到了宋代，水仙迅速蹿红，成为顶级花卉之一，更被赋予了凌寒萧然的高尚品格，最终达到了与梅花、青松等“岁寒之友”齐名的至高之位。回顾它的成名历程，无不显示着宋人纯净雅逸的审美情趣。如君子一般超凡脱俗的水仙自有清雅出尘的水仙瓷盆相衬，如今收藏于台北故宫博物院的珍品北宋汝窑青瓷无纹水仙盆就是宋人深爱水仙的见证。

这件水仙盆连足高 6.7 厘米，深 4.3 厘米，外形似椭圆花盆，侈口深壁，器底外边缘围了一圈较窄的细圈，四只底足呈云头状。其整器施天青釉，这种青如天、明如镜的高温蓝色釉与幽淡隽永的水仙在气质上有异曲同工之妙。再观其釉层，口沿与盆底转角处因釉薄而隐约可看出胎体的淡粉色泽，而稍凸的平盆底及边棱处因釉厚呈现出柔腻如脂的碧玉色。浑然一体的单色釉面通过釉层的薄厚变化，幻化出有递进层次的渐变天青色，汝窑的技艺果然名不虚传。

此器最令人赞叹的是，它纯洁的釉面上完全没有开片的痕迹。要知道，汝窑的特征之一就是丰富多彩的开片纹，就跟树的年轮一样，每件汝瓷都有自己独特的印记：蟹爪纹、冰裂纹、蝉翼纹、鱼子纹、鱼鳞纹等。这些纵横相衔的纹理犹如此起彼伏的山川、蜿蜒曲折的小溪，自然天成又变幻无穷，让人为之着迷。

陶瓷界流传着这样一种说法："一方顶十圆。"即做一个方形的器具比做十个圆形的器具还要难。而且器型的"个头儿"越大，工艺难度也就越大，只要比例稍微不对，高温烧制时器具就会变形。而汝窑青瓷无纹水仙盆的器形属于特殊的椭圆形，体量亦不小，烧制起来要求极高，制作过程十分艰难。

目前传世的汝窑椭圆形四足水仙盆极少，而这件水仙盆不但是水仙盆中最特殊的，而且是目前留存的汝瓷中唯一一件没有开片纹的艺术珍品。明代著名鉴赏家曹昭在其著作《格古要论》中曾点评道：“（汝窑）有蟹爪纹者真，无纹者尤好。”汝瓷的开片纹得到了宋代文人雅士的推崇，他们将汝瓷釉面上的开片纹视为大自然对汝瓷的厚爱，甚至上升到了艺术美的高度。

但是，你知道吗？其实开片是一种技术缺陷。汝瓷在高温烧制的过程中，因为胎和釉的膨胀系数不同，焙烧后，瓷器在自然冷却时，胎和釉的收缩率不同，釉层的收缩率要略大于器胎的收缩率，这样便会产生釉层开裂现象，在瓷器表面形成各式各样的纹片。如果说，开片的汝瓷向瓷器界证实了缺陷也是一种美丽，那么这汝窑瓷器中唯一一件无纹瓷器便向世人诉说了完整的美，更为动人。

宋朝时期，水仙作为深受人们喜爱的一种花卉，可谓火遍大江南北。宋代诗人宋伯仁的一首《山下》如实地记录了水仙在宋朝的红火程度：“山下六七里，山前八九家。家家清到骨，只卖水仙花。”作为水仙花的“头号粉丝”，黄庭坚为他热爱的花朵写下了许多动人的诗篇，其中最耳熟能详的当属《王充道送水仙花五十枝欣然会心为之作咏》中的一句：“凌波仙子生尘袜，水上轻盈步微月。”诗人将水仙花比喻成

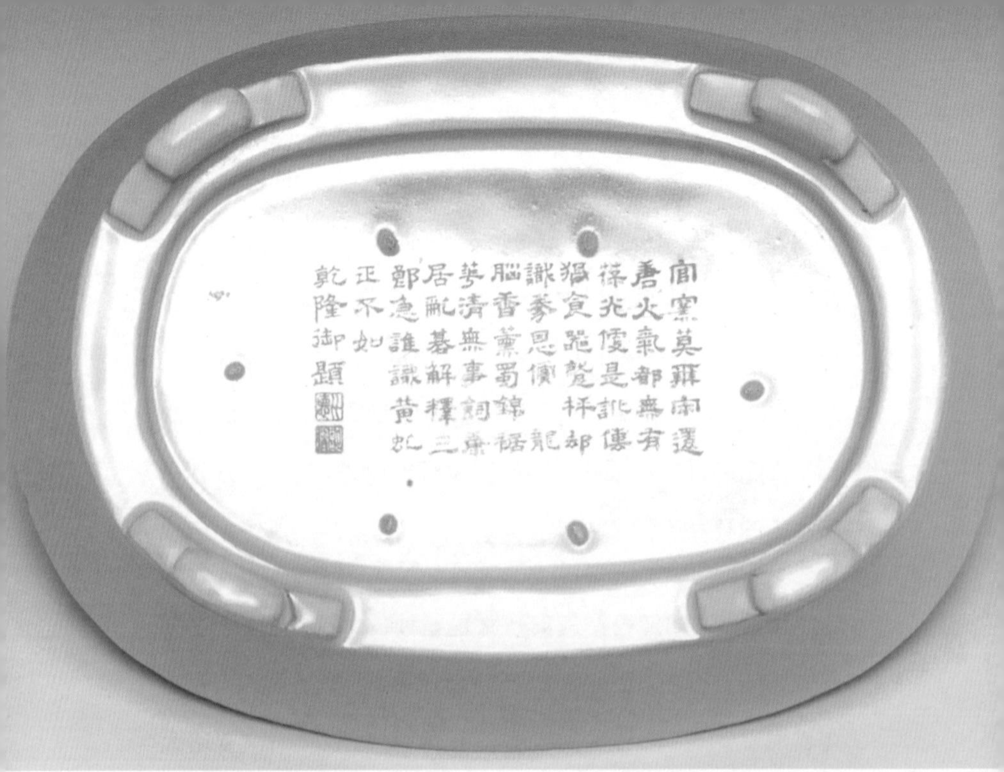

汝窑青瓷无纹水仙盆底面
台北故宫博物院藏

仙子，在称赞它的秀美外形之余，更突出它高洁脱俗的气质。

黄庭坚在另一首诗中则提到了水仙的地域分布，“钱塘昔闻水仙庙，荆州今见水仙花”。北宋时期，位于今天湖北的荆州、襄阳和河南的洛阳、开封一带水仙花的栽培和繁育比较集中。随着政权的南移，水仙花的栽培高度集中在都城临安（今杭州）和闽、浙沿海地区。怀揣着爱“她”就要给“她”最好的心思，各大瓷窑的能工巧匠铆足了劲，为心爱的水仙打造一个最好的“家”，于是一个个精巧雅致的水仙盆就这样带着宋人的爱意“横空出世”了。集美学精粹于一体的汝窑青瓷无纹水仙盆则是宋代一众水仙盆中最特殊、最完美的存在。

不过，这一绝世之作最终也没能逃脱“盖章狂人”乾隆皇帝的“魔爪”，他在水仙盆底留下了御制诗：“官窑莫辨宋还唐，火气都无有葆光。便是讹传猧食器，蹴枰却识豢恩偿。龙脑香薰蜀锦裾，华清无事饲康居，乱棋解释三郎急，谁识黄虬正不如。”也正是这御制诗，让我们知道了一个啼笑皆非的故事：可怜那仙气飘飘的水仙盆流落到清宫后，竟被误作为动物食盆。幸运的是，乾隆爷十分珍爱这件器物。乾隆十年（1745）五月时，他还特意传旨，给这物件另配了一件紫檀台座。

栽种水仙也好，当作动物食器或陈设器也罢，直到今天，这件穿越千载的瓷器依然似清泉般澄澈，如春风般动人，温柔地惊艳着岁月。

爱情的代言人

长相思

——宋·欧阳修

花似伊，柳似伊。花柳青春人别离。低头双泪垂。

长江东，长江西。两岸鸳鸯两处飞。相逢知几时。

春风正暖，河畔新绿的柳枝倒映在水面上，将清水染上了碧色。河面上涟漪微泛，水草丰茂，两只鸳鸯在水中游弋，相顾相盼，含情脉脉。站在河岸上远望，水波宛若一条丝绦，向东奔流而去。

正是花繁柳茂的美好时节，可看到这娇艳的花儿、这柔软的枝条，就想起那面若桃花眉似柳的情人。花如人，柳如人，正如河岸上厮守在一起的鸳鸯，何时才能与伊人再次相逢、比翼双飞呢？

鸳鸯戏水，交颈而眠。鸳鸯中的雄鸟和雌鸟终日在一起并肩游弋，片刻不离，因此，人们又将它们称为“匹鸟”。如

汝窑莲花鸳鸯香薰炉
河南省文物考古研究院藏

果二鸟分离，又会如何呢？晋人崔豹在《古今注》中告诉了我们答案：“（鸳鸯）雌雄未尝相离，人得其一，则一思而至死。”

象征着忠贞不渝的鸳鸯早就成为古人诗词里绝美爱情的代名词。就如同黯然伤神的欧阳修借鸳鸯表达刻骨的相思一般，含蓄的宋人不仅将含有相望相守寓意的鸳鸯糅在了心里、写在了诗词里，更将它的深情象征施用于各种质地的器物之中，只为祈盼这美好能日日相伴，早些实现。

两宋时期，在器物上雕琢、装饰鸳鸯纹成为一种风潮，如定窑、景德镇窑、磁州窑器物上就常常能见到鸳鸯纹。这些被能工巧匠赋予新生的小物件中蕴藏着人们对美好情感的憧憬和追求，跨越时空，流转到了我们的眼前。

此款汝窑莲花鸳鸯香薰炉就是一件以鸳鸯为主题的艺术珍品。此器色泽明亮，釉面上那素雅莹润的青色仿佛要流淌出来一般。远观之，造型端庄雅致，线条流畅柔和，韵感十足；细品之，就会发现精巧之处。其炉身由两个正反相对的碗构成，碗上饰以清新典雅的莲花纹。

再看炉盖上的鸳鸯，两侧的羽翼微微翘起，椭圆的头部

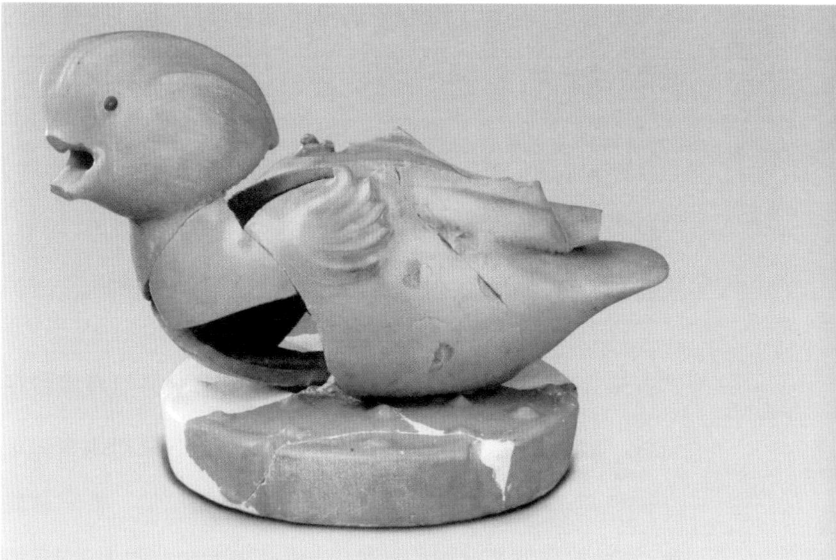

汝窑莲花鸳鸯香薰炉近景
河南省文物考古研究院藏

略显憨态，两只黑豆般的眼睛正望着前方，似乎在寻找着什么。若将香料放入香薰炉中，只需静待一会儿，一缕缕香烟就会从鸳鸯那微微张开的喙部缓缓而出。

“只羡鸳鸯不羡仙。”鸳鸯没有单只的，当时匠人制作的这莲花鸳鸯香薰炉或许也是成双成对的，如今留存下的这只鸟儿也在默默等候它的另一半吧！

除了鸳鸯造型外，宋代香炉的炉盖还有麒麟、狻猊、凫鸭等鸟兽样式，经常出现在诗词里的“金兽”“金猊”等指的便是这类香炉。

两宋时期，常见的香炉大致有两种类型：一种为开敞式，一种为封闭式。两者统称为香炉，差别在于后者带盖。如今，人们一般将开敞式的称作香炉，封闭式的则称为熏炉。

宋人也极其讲究品香。品香，最好的方式并非直接焚烧香料，而是待木炭烧透后，借助炭温加热香材，这种熏香之法亦被称作“隔火焚香”。虽然“熏”香不如“焚”香来得简单，但是可以避免浓厚的烟气，使香味更为醇郁宜人，而且能平添许多情趣。所以，熏香一法深得文人雅士的青睐。

宋朝香事达到鼎盛，风雅精致的文人不仅亲自动手制香、焚香，还将收集而来的香方香谱和品香用香的心得加以整理记录，让这缕香气长久留世。

洪刍的《香谱》一书是北宋较早的香谱类著作之一，此外宋代还有范成大的《桂海香志》、颜持约的《香史》、陈敬的《陈氏香谱》等多部香事著作问世。

两宋时期，随着熏香文化不断发展，香器不再只是贵族用来“炫富”的工具，而成了文房必备的雅物。文人们静坐于书房之中，在缭绕的香气中，明心见性，参悟人生的真谛。为了满足文房陈设的需求，宋代的瓷质香炉大都很“迷你”，高度大多仅有十几厘米，但在造型上极尽巧思。

即便位列五大名窑之首，但是对于制作工艺复杂的汝窑来说，烧制较大器型难度极高。目前传世汝窑的器型多以盘、洗、碗等为主，口径一般在 10 ～ 16 厘米之间，极少有超过 20 厘米的，几乎没有超过 30 厘米的“大器”，所以有“汝瓷无大器”这一说法。遥想一簇香云自莲花鸳鸯炉中缓缓升腾而起，浮出碧色，又弥散开来，幻化成一缕一缕细雾游旋，忽地凌空而去，随风缥缈。是谁在悠然的香气中默坐，祈愿和心上人琴瑟和鸣？

出淤泥而不染

千百年来，莲以它淡雅的花形、清新淳朴的气质、纤尘不染的高尚品格深受世人的喜爱。因为喜爱，古人给莲取了许多富有诗情画意的名字：芙蕖、菡萏、水宫仙子……瞧，这些名字一个比一个有韵味，一个赛一个雅致。

莲的圣洁与宋朝以素净为美的理念不谋而合，宋代的文士们将对莲花的倾慕之情融进了诗词散文里，让这份爱得以流传千古。“接天莲叶无穷碧，映日荷花别样红。”这句诗堪称西湖最美的“广告词”，毕竟有谁不爱那荷花映日、碧叶连天的胜景呢？“小荷才露尖尖角，早有蜻蜓立上头。”除却盛放时的瑰丽，莲花亦有含苞待放、“小清新”的一面。而在众多称颂莲花的诗文里，最为今人交口称赞的便是周敦颐的《爱莲说》：“予独爱莲之出淤泥而不染，濯清涟而不妖……”寥寥数语，将莲的气度、风节描绘得淋漓尽致。

莲花与佛教的关系十分紧密，历来被佛教尊为圣洁之

汝窑莲花式温碗
台北故宫博物院藏

花，同时作为佛法的象征。在佛教的教义中，莲花象征着纯洁，代表净土，寓意吉祥。莲花纹是我国传统的装饰纹样之一，早在春秋战国时期，莲花就已经作为装饰题材出现在器物上。魏晋南北朝时期，随着佛教在我国盛行，佛教艺术也随之兴盛，代表佛教文化的莲花纹饰及造型受到了人们的热烈追捧。

隋唐时期，寓意美好的莲花纹饰被广泛用于工艺美术制品中。唐代兼容并包的帝国气象让传统莲花纹饰得以创新发展，在装饰风格和形式上相较前代产生显著变化。到了宋代，制瓷业达到鼎盛，在瓷器装饰纹样及造型方面，莲花虽不敌“后来者居上”的牡丹，但仍占有一席之地，并逐渐摆脱宗教象征意义，朝着纯装饰性方向发展。现收藏于台北故宫博物院的北宋汝窑莲花式温碗就是汝窑融皇室审美与莲花文化于一体的艺术精品。

台北故宫博物院藏的莲花式温碗由十片莲瓣构成，高 10.1 ～ 10.5 厘米，深 7.6 厘米，口径达 15.9 ～ 16.2 厘米，足径 8.1 厘米，状似半开的莲花。碗壁线条柔和，上丰下敛，口缘略侈，平底高圈足。此碗胎体厚薄均匀，通体施天青色薄釉，釉色润泽，色调青翠偏蓝，纯净清朗，釉汁淳厚，若凝脂般温润细腻，如玉般凝滑。釉面开片纹路犹如冰裂，晶莹剔透。

仔细看，可见碗底有极细的五个芝麻小点。其实这些一头有尖、稍扁平、形似芝麻的小点就是支钉痕。那么所有汝瓷器底都留有芝麻小点吗？答案是否定的。就汝窑的烧造方法而言，大致可分为两种：垫圈垫饼的垫烧法和支钉支烧。不过从现存的汝瓷来看，采用垫烧法烧制、足端无釉露胎的极为少见。采用支钉支烧的瓷器，通体施满釉。支钉的个数按陶坯体型分配，一般为单数，有三个、五个、七个等，唯有椭圆形水仙盆为六个支钉。支钉的排列大多靠近底足的外沿处，起到支撑器物的作用。正是因为支钉的存在，经过高温烧制的汝瓷底部就会留下一头有尖、稍扁平、芝麻大小的白色支钉痕。

莲花式温碗整器线条清新柔和，器形比例协调，勾勒出“曲线之美”，宛如一朵莲花正清雅绽放。没有过多华丽的修饰，汝窑的匠人用精湛的工艺、炽热的艺术情怀，将最为朴实的器物之美呈现在世人眼前。

温碗是宋时常见的温酒用器，一般与一执壶（注子）配套。在宋代，使用这种成套器具来温酒的习俗十分流行。温碗内先加注滚烫的热水，再将盛满酒的注子放入其中烫热，最后将温好的酒斟入精致的台盏或酒杯中即可。若想常温常暖，只需将碗内的热水随时更换，温过的酒不但不伤脾胃，而且滋味更为绵柔可口。

宋人对莲的喜爱并不局限于诗词、器物，他们还研究了莲的栽培技术，将莲带进了朴素平实的生活里。

据《花史》载：“宋孝宗于池中种红白荷花万柄，以瓦盆别种分列水底，时易新者，以为美观。”这种将塘栽和盆栽技术相结合的方法不仅推进了园林水景配制艺术的发展，还对后世产生了巨大影响，至今仍在沿用。

你知道吗？用鲜花扮靓城市可不是现代人的专利。在北宋时期的汴京城内，从皇宫南门宣德门向南至外城南薰门有一条长街，长街两旁挖掘出长条带状水沟，沟中种植着观赏性的莲花。原来，早在数百年前，聪明的宋人就会用莲花来美化市容了。

随着莲花走进百姓的日常生活，你会发现宋人的爱莲之风日渐兴盛。《宋史》中记载，每到农历六月二十四观莲节那天，人们会举家泛舟赏荷观莲、消夏纳凉，享受云遮月的醉人风情。在欣赏汝窑温碗之余，切莫忘记它那质朴清新的莲花外形和不畏俗尘、心存净土的圣洁品格。

“S”形身材的瓶中皇后

有人说中国最美的颜色都在宋瓷里。月白、天青、天蓝、紫红、海棠红、梅子青……或纯粹或错综掩映的绚彩，或浓或淡的釉色，无不美到极致，令人惊叹。

当然，如若非要将宋瓷釉色分出高低，作为帝王都梦寐以求的颜色，汝瓷的天青色想必名列前茅。汝窑的瓷器釉如堆脂，色质如玉，各有千秋，皆是至善至美的艺术珍品，其中有一款瓷器，只听名字就令人不禁陶醉其中。它就是陶瓷史上命名最唯美、最浪漫的瓷器之一——北宋汝窑玉壶春瓶。

关于玉壶春瓶名称的来历，还有着这样一个传说：北宋熙宁年间，大学士苏轼外出访友，在途经景德镇时，见到一位老人坐在轱辘车上，正在用双手把泥拉成器坯。好奇之下，苏轼对老人说道：“久闻景德镇瓷器诗情画意皆能呈现，但不知可呈现几分？”说完便吟了一首王昌龄的诗：“寒雨连江夜入吴，平明送客楚山孤。洛阳亲友如相问，一片冰心在玉壶。”

汝窑青瓷胆瓶
台北故宫博物院藏

老人听了以后，思忖片刻，便拨动转轮，须臾间，塑出了一个撇口、细颈、垂腹、圈足的器形，并解说道："此器做倒置的心形，寓意'心到'，撇口谓之'敞开心扉'，拙器如此表达此诗意境，您以为如何？"据说，苏轼听了，感慨之余，随兴赋诗一首，其中"玉壶先春，冰心可鉴"两句尤为脍炙人口。

然而，今天我们遍寻苏轼的所有文集，均未能找到关于玉壶春的诗句。因此，这究竟是真实发生的事情还是世人杜撰的故事，也就无法分说了。不过，自玉壶春瓶横空出世，就以其柔和的轮廓、曼妙的造型深得文人雅士们的喜爱，却是不争的事实。

玉壶春瓶素有"瓶中皇后"之称，创烧于北宋时期，是胆瓶中的一个分支。通常撇口、短颈、鼓腹的胆瓶都可以称之为玉壶春瓶。作为我国古代经典的瓷质瓶式之一，它与梅瓶、赏瓶并称为"瓶中三宝"。关于它名称的由来，除了上文中传说与苏轼的渊源之外，也有一种说法是，"玉壶春瓶"的名称可能是由一种名叫"玉壶春"的酒衍生而来。

唐宋时期，人们称酒为春。唐代《唐国史补》中记载："酒则有郢之'富水'，乌程之'若下'，荥阳之'土窟春'，富平之‘石冻春’，剑南之‘烧春’……”其中的“剑南春”到现在依然长盛不衰。好酒就要配好瓶，唐代司空图《二十四诗品·典雅》中“玉壶买春，赏雨茅屋；坐中佳士，左右修竹”的句子，就提到了文人雅士拿着玉壶去买酒的细节。瞧，古人活得可比现代人精致多了！

据学者推测，宋代可能有一种名为“玉壶春”的酒，因其在市场上大受欢迎，故久而久之，盛装这种酒的特制瓷器也被人们所熟知，于是人们便爱屋及乌，把这种造型的瓶子称作“玉壶春瓶”。

玉壶春瓶的造型灵感源于唐代寺院中的净水瓶。它的基本形制是：撇口，细颈，垂腹，圈足。撇口是为了方便倒酒，细颈是为了方便人们抓握，下垂的腹部则为了保持形体优美和扩大储酒空间，宽广的圈足是为了摆放稳定，不易倾倒。可以说，玉壶春瓶是古人智慧与技艺的伟大结晶。

台北故宫博物院所藏北宋汝窑青瓷胆瓶就是宋代玉壶春瓶绝美风采的代表。此瓶呈现淡青色，釉色给人以明净、古朴、深幽的意境。细长的颈部、下垂的腹部、微高的圈足、左右两个对称的“S”形身姿，呈现出一种圆润柔和的弧线。通身流畅自然，无一处雕琢的痕迹。它全高 17.8 厘米，口径 3.6

厘米，足径 8.4 厘米，圆口嵌铜扣，细颈，圆硕腹，圈足外撇加嵌铜边。通体施天青色釉，釉质匀润，釉面满布灰色开片，局部微现粉色光泽。底心刮去釉层，形成无釉圆面，加涂黄色薄汁。婀娜挺拔的身姿、光润如玉的肌肤、素雅天成的气质，玉壶春瓶宛若一位亭亭玉立的少女，是那样恬静、优美，充满了神秘感。而这只玉壶春瓶之所以能呈现出似玉非玉又胜似玉的视觉效果，是因为汝窑的特殊工艺。

汝瓷被皇室所垄断，制器不计成本，不惜以名贵的玛瑙入釉，色泽独具一格。汝窑的釉色通常呈天青、天蓝、月白，偶见豆绿、青绿等。釉面柔和细润，明净似玉，抚之如丝绢般顺滑。釉质多呈乳浊或结晶状，稍透亮。其碧峰翠色般的釉色还会随光变幻，在光线的映照下，有如星辰闪烁。

宋朝的黄酒酿造业兴旺发达，酒类繁多。除了尚不确定的“玉壶春”，宋代的名酒可以说是层出不穷。周密在《武林旧事》一书中记载了蔷薇露、流香、琼花露、玉练槌、思春堂、凤泉、清心堂等多种名酒。除了这些著名的酒品牌，宋人还会饮一些药酒，如长春法酒，这是南宋景定五年（1264）贾秋壑献给宋理宗的养生美酒。这款由三十多味名贵中药配制而成的药酒具有健脾养胃、补血壮骨的功效，甚为珍贵。

两宋时期也酿有果酒，如荔枝酒、黄柑酒、桑葚酒，还有如今备受欢迎的葡萄酒。南宋时期的都城临安虽是富庶繁华之地，但葡萄酒却异常稀少，弥足珍贵。陆游在《夜寒与客烧干柴取暖戏作》一诗中说："如倾潋潋葡萄酒，似拥重重貂鼠裘。"倒上一壶葡萄酒，好似穿上了一件貂皮大衣，这贵气可不是一般人能拥有的。葡萄酒之所以一壶难求，是因为江南地带不宜栽种葡萄，而中原的葡萄和葡萄酒产区早已沦陷在金国之手。

瓶与酒的故事仍有待发掘。汝窑玉壶春瓶清新俊逸的身姿、玲珑的曲线、兼具女性丰满与纤细的阴柔之美，使这件"S"形身材的瓶中皇后足以让人为之一颤，怦然心动。

官窑，极简美学的巅峰

这个瓷器好像在哪里见过

在博物馆观赏瓷器时，你可能有过这样一种熟悉的感觉：这件瓷器好像在哪里见过？略一思索就会发现，原来这件熟悉又陌生的器物就是青铜器造型、陶瓷材质的结合体，这类器物有一个专属的名字：仿古陶瓷礼器。

两宋时期，掀起了一股文化复兴思潮。这股复古之风吹向瓷器，令仿铜器型备受青睐。

收藏于台北故宫博物院的官窑青瓷簋就是宋代复古瓷器中的代表作品之一，其造型源于商周时期的礼器铜簋，高12.7 厘米，足径 15.8 厘米。这件青瓷簋体态饱满，近口沿处装饰有两道凸起的弦纹，簋身两侧置一组对称的螭形耳，底部有圈足，口沿和圈足底均以铜扣镶嵌。此器胎骨较厚，通体

官窑青瓷簋
台北故宫博物院藏

施浓润青釉，釉色粉青，边棱釉薄处微现粉色。

此青瓷簋柔和中泛有光泽，釉面有细密的纹片，这些深浅不一、大小不同的冰裂纹为原本淡雅朴素的釉面增添了节奏韵律美。元明时期，虽有此簋的仿品传世，但与此器的神韵相差甚远。

商周时期的青铜簋是一种礼器，用于盛放煮熟的饭食，相当于现在的碗。簋器形厚重，器身大多装饰着云雷、饕餮等纹样，就连器耳也多饰以精致的兽面，只有极少的器物以素面或简单的弦纹呈现。华丽典雅的纹饰、庄重威严的造型，让整个青铜簋散发着野性美，充满了活力。

作为青铜簋的仿品，虽然官窑青瓷簋的整体器形与之相似，但呈现出的美却截然不同。因为宋代以素净为时尚，所以宋代的仿铜瓷器多为素面，或饰有浑然天成的开片纹。正如这件官窑青瓷簋一样，两宋的仿铜瓷器不仅样子不施“脂粉”，就连釉色都取自天然，趋于纯净，整体表现出典雅、简约的艺术风格。将官窑青瓷簋与它的原型青铜簋放在一起对比即知，宋代仿古陶瓷礼器的特色是以釉色和造型取胜。

除了青瓷簋，官窑的传世作品中还有不少复古造型的礼器，如贯耳瓶、琮式瓶等。宋时陶瓷界的这场仿古之风可不是一时兴起的，而是在各方的推动下形成的一股势不可挡的“博古”浪潮。

宋代一开始烧造仿古陶瓷礼器的目的是“稽古作新，以追三代之隆”。经历了五代十国的“大混战”，北宋立国之初，社会动荡不安，赵宋王朝希望通过使用仿古代祭祀的礼仪器物而展示其正统地位，重新构造礼法秩序，维护社会稳定，从而巩固政权。

北宋皇家祭祀时，只有少部分青铜祭器被换成了陶瓷器。陶瓷礼器真正大范围地代替青铜礼器是在宋室南迁以后。对于战乱了十多年才得以安定的南宋朝廷来说，对于宁愿向金俯首称臣，进贡巨额岁币，也想求得和平的宋高宗来说，在历尽千辛万苦，实现了和平之后，祭祀天地是件极其重大且有伟大意义的事情。

《宋史》中记载，绍兴十三年（1143）二月甲子，南宋朝廷开始制造“郊庙社稷祭器”。这次郊坛祭祀需要多少礼器，礼器又是什么材质的呢？在宋人潜说友撰写的《咸淳临安志》一书中，我们找到了答案：“祭器九千二百有五，卤簿万二千二百有二十人，祭器应用铜玉者，权以陶木。”要用玉、金、银、青铜等稀缺的贵重材料来制作近万件礼器，对当时空空如也的国库以及一穷二白的宋高宗来说，无疑是个天大的难题。不过，幸而能人辈出的南宋朝廷并没有被难倒，他们重拾“节俭美德”，并效仿北宋先王，使用陶瓷和竹木祭器暂代玉器、金银、青铜器，完美地解决了这次危机。

至此，由南宋朝廷牵头，将瓷器复古风潮推向了巅峰。作为众窑至尊的南宋官窑在这一时期制造了不少仿古瓷器，就连民间窑场也紧随潮流，大范围地生产起复古器。就这样，夏商周三代时贵族专用的礼器在宋朝成群地“飞”入了寻常百姓家。渐渐地，古风在整个社会弥漫开来。

回到宋朝玩投壶

作为文物收藏界最能“刷存在感”的皇帝，乾隆帝曾为珍藏的多件宋瓷题上了御制诗，台北故宫博物院藏的南宋官窑青瓷弦纹贯耳壶便是其中之一。

此件官窑青瓷弦纹贯耳壶是宋代仿青铜器式样的经典之作，壶通体高 26.6 厘米，体量适中。此器横面呈椭圆形，侈口，自颈部斜接至腹部，肩部装饰着凸弦纹，上方两道，下方一道，肩两侧贴有一双中空竖直的筒状耳，俗称贯耳。其腹部下垂，下部显丰硕。圈足较高且微微外撇，足两侧有两个对应的长方形孔。

此壶通体施淡雅的青色釉，釉质似绸缎般丝滑莹润。釉面上布满了细碎而密集的冰裂纹，独具美感。壶底镌刻着乾隆帝有感而发所题的御诗：

　　泑气犹滋火气磨，两傍贯耳足穿过。

　　系绳恰称奴僮负，撷花偏供诗客哦。

官窑青瓷弦纹贯耳壶
台北故宫博物院藏

李氏奚囊堪伯仲，陆家越器未差讹。
如非守口拟致问，把玩曾经阅几多。

由诗文内容可知，乾隆皇帝十分喜欢这件青瓷弦纹贯耳壶，并时常放在手边把玩。一日观赏这件贯耳壶时，他看到贯耳及足壁穿孔的设计，便想到了“唐代三李”之一的大诗人李贺。传说李贺出游时，如灵感迸发就即兴创作，然后把记录下的素材投进童子随身背着的一个锦囊里。而贯耳壶圈足两侧的开孔也可以和贯耳串连，方便携带。

从外貌上看，这件青瓷弦纹贯耳壶实在算不得“国色天香”。但是，从宋代开始，贯耳壶的烧制几乎从未停止过，而且得到了历代皇家的推崇。那么被皇族垄断的贯耳壶究竟蕴藏着什么样的魅力呢?

贯耳壶身上的那对“小耳朵”，除了造型奇特外，或许还被历代皇室赋予了劝诫君王广开言路、虚心纳谏的深层含义。在两宋及后世被当作陈设用品的贯耳壶，最初可不是用来赏玩的装饰品，而是有实际价值和深刻寓意的器物。《邛窑古陶瓷研究》一书中提到：“贯耳式样，早在新石器时代良渚文化的高颈陶壶即有雏形。”这句话表明贯耳壶并非宋朝的“特产”，而是自古以来就有的。春秋战国时期，儒家提倡君子应掌握礼、乐、射、御、书、数这六项技能，即君子“六艺”。“射”在商周时代指的是挽弓射箭，之后则演变成了投壶，即人手持箭矢将它投入壶中，而贯耳壶就是投壶所用的专用器具。

投壶运动自兴起以来，一直热度不减，流传至宋时，甚至普及成了一种全民运动。北宋文学家欧阳修在《醉翁亭记》中说道：“宴酣之乐，非丝非竹，射者中，弈者胜，觥筹交错，起坐而喧哗者，众宾欢也。”这场盛会上的“射”指的就是投壶。位于汴京城外的玉津园是北宋皇家苑囿，除了具有游赏的用途，还有一个身份就是朝廷的射圃，即贵族专用的投壶运动场。另外，宋朝还经常在玉津园与契丹等地的使者进行友好的比射，这种一边宴请外宾、一边进行武力比拼的活动，又称为“宴射”。

在宋代文人雅士的眼中，投壶可不仅仅是一项供人娱乐的游戏，还是一种高雅的礼仪活动。正如宋代金石学家吕大临在《礼记传》中写的那样：“投壶，射之细也。宴饮有射以乐宾，以习容而讲艺也。”投壶自古便是宫廷宴饮中的一种礼仪。通过投壶，不仅能巧妙地展示六艺中的“射”，而且能全面体现古人崇尚礼节的精神。宋代文士对投壶运动的热爱投射在他们编纂的著作中：《投壶新格》《投壶礼格》《投壶新律》……随着投壶著作繁荣面世，宋朝的投壶热潮也迈向了巅峰。

宋朝的瓷器业不断发展，陶瓷工匠们制作的贯耳壶样式越加丰富，工艺也越发精美。龙泉窑、哥窑等名窑都烧制贯耳壶，贯穿了两宋时期，产出了不少绝佳的作品。就如此篇介绍的这件南宋官窑青瓷弦纹贯耳壶，在一对“小耳朵”的基础上，工匠还给此壶特地装饰上了三道弦纹。正因为这些贯耳瓷器太过精美，后来逐渐成为陈设的艺术品。

一直被模仿、从未被超越的王者之瓷

北宋政和年间的一个三月，天空湛蓝，柔光穿过汴河上的烟霭，洒下一片金色，揉皱了层层新绿。金波与淡碧色的河水交相辉映，画下一幅绚丽的图卷。沿岸的商铺里，琳琅满目的各色瓷器正散发着古朴耀眼的光芒，引得行人纷纷驻足观赏。千姿百态的形状、素雅简洁的品貌都无声地诉说着进入黄金时代后制瓷业的恢宏与繁盛。

其时，北方诸窑中，汝窑为魁。曾受宋哲宗敕命烧造贡御瓷器的汝窑再次收到徽宗的“邀请函”。而自接到圣旨后，掌管汝窑的督陶官一改往日意气风发的模样，反而战战兢兢，终日无法安眠。别人不知道，他心里可是清清楚楚，近日，各名窑供上的瓷器瑕疵频出，为官家不喜，如今正在气头上。且谁人不知，官家的审美水平和眼光可是达到了至高境界。

垂拱殿内，雕刻着龙形的铜香炉中有轻雾浮动。赵佶穿着一袭青色常服，脸上的表情在缭绕的薄雾中看不真切，只隐约露出柔和的轮廓。“你……”此字刚出，前来进献瓷器的汝窑督陶官心中顿时警铃大作，条件反射性地两腿发软，就要下跪：“臣知罪。”赵佶放下手中的青瓷，饶有兴致地询问道：“你倒是说说，何罪之有？”

“臣……臣……”见督陶官面色苍白，冷汗频出，赵佶差点儿笑出声，又赶紧端好了为人君主的架子，耐心地说道：“你辖下的汝瓷，美则美矣，却失了一丝华贵端庄，终究难成‘大器’。”

“官家……”督陶官刚想谢罪，赵佶拧了拧眉毛，抬了抬手，示意他打住。他是无聊，不过这种一天能上演数遍的熟悉戏码，不看也罢。“不过，朕还是颇为欣赏汝窑的技艺的。来人啊！传旨下去，即日起，于汴京自置窑烧造贡器。”

龙纹浮雕的玉阶之上已空无一人。大殿里，内监扶起颇有些脚软的督陶官，脸上洋溢着喜悦之情：“恭喜大人，官家要将汝窑的制作精华引入官窑，亲自指导烧制贡瓷呢！这可是大喜呀！”

督陶官提起嘴角，摆出一个僵硬的笑容，连忙谦虚地感念了一番圣恩。走出宫门，他望着澄澈的长空，低声喃了一句:“这大宋的瓷窑界要变天了……”

史载，北宋政和年间，宋徽宗引入汝窑及陈留东窑等窑系的工艺精华，于汴京自置窑烧造瓷器，名曰官窑。

北宋官窑是我国陶瓷史上由官府建设的第一个“国有”窑口。虽说是国家资产，但从某种意义上说，北宋官窑也是宋徽宗的个人所有物。宋徽宗赋予了官窑皇权之荣耀及艺术之璀璨，而官窑报之以生命和光华，供这位一国之君赏玩。

宋时以汝窑、官窑、哥窑、钧窑、定窑这五个窑口烧制的瓷器最为有名，后人将它们统称为“宋代五大名窑”。在宋徽宗未设官窑之前，汝窑的青瓷工艺在那时是当之无愧的魁首，那么宋徽宗为何还要“弃汝兴官”呢?

一是北宋尚文偃武。宋徽宗即位后，提出以礼治国，并大力复兴礼制。祭祀是礼制的核心，而礼器则是祭祀活动中必不可少的主角。但自五代以来，礼器的使用规范与古制渐行渐远，对礼器“悉从改造”已成为迫在眉睫的国事。于是，宋徽宗决意动用全国的力量兴修五礼、考订礼器的形制，并由官方亲自制造祭祀所用的礼器。

二是追求完美的宋徽宗觉得汝瓷艺术品味与礼器法度

官窑粉青花觚
台北故宫博物院藏

不合。汝窑贡瓷因为采用裹足支烧工艺，在高温烧制时，器物受力点少，胎骨易开裂变形。如果烧制温度较低，又容易造成胎质疏松、产生细微的气孔，缺乏厚重感。故汝瓷因这个先天性的工艺缺陷，注定烧制不出华贵端庄的礼器。

三是汝窑所在的汝州离汴京较远，不方便宋徽宗亲临督导，从而按照他的艺术标准去督造瓷器。于是乎，“弃汝兴官”成了趋势所向。

大观元年（1107），宋徽宗下诏访求古礼器，并敕命编撰《宣和博古图》作为朝廷制造礼器的范本。宋徽宗创制的北宋官瓷礼器与夏、商、周三代的青铜器相比而言，虽有改动，但是每件产品均以名古器为造型蓝本，可谓有典有据、富含深义。北宋官瓷的精妙在于既注重“形”，又讲究“义”。这也就意味着这些由帝王一手督造的仿古、复古礼器不再是三代青铜器的模仿品，而是饱含着艺术性的、形义一体的全新礼器。

收藏于台北故宫博物院的北宋官窑粉青花觚是浸润着历史的珍宝，穿过近千载的岁月，依然散发着神妙到极致的莹润光华。此官窑粉青花觚底部圈足向外撇开，中下部腹部突起，颈部细长，敞口向天。整个器形上大下小，线条优美，十分迷人。厚重的胎体、古朴的造型，远远望之，只觉典雅端庄的艺术美感扑面而来。它通体施粉青色的釉层，且釉质均匀淳厚、纯净如冰，触之质感滋润似缎如玉。但是细赏之下，就会发觉其釉面上布满了大小不一的自然开片，片纹层层叠叠清晰可见，极富节奏感。观之如粼粼波光，晶莹剔透，又似寒冰乍裂，美到极致。

靖康元年（1126），“报！金军已兵临城下”。

静坐了许久，已然成为太上皇的宋徽宗手指有些发颤地抚了抚亲手打造的精美官瓷，嘴巴微张了许久，终于吐出一句：“将官窑……毁了吧。”

北宋官窑自政和年间创始于汴京，至“靖康之难”后，随着北宋都城一起沦陷，窑口存世的时间仅十余年。随着北宋的消亡，其光耀的过往亦湮没在岁月的长河之中。

被开孔的“玉”瓶

雍正七年（1729）的一天，细雨霏霏，红花香残，茂绿缀满了繁枝，叶底青梅如豆。被突如其来的蒙蒙小雨困在御花园凉亭里的雍正皇帝倒是难得清闲地听起了雨落的声音。

六角攒尖的亭子外，雨滴打在平静的湖水上，顿时清波四漾，远处荷叶有卷有舒，有花苞欲放未放。这一片湖水、一池翠莲，让雍正皇帝出了神：这青翠如玉泛着淡粉的颜色与他多次把玩的宋代官窑弦纹瓶是何其相似？

“宋时徽宗仿青铜之器，成品精巧淡雅、自成一派。今朝朕也追一追这宋韵！”于是，他诏命时任淮安板闸关监督的年希尧仿烧这件官窑粉青釉弦纹瓶。

宋代官窑瓷器气韵素雅净穆，集宋瓷之精粹，古往今来，令无数人折服。清代的帝王一向对宋瓷青睐有加。雍正时期对宋代五大名窑的仿制已初具规模，且成就卓著。到了乾隆年间，御窑的摹古之功集历代瓷器工艺之大成，青釉烧制工艺攀上了历史新峰。

《清宫档案》中记载，雍正、乾隆两位皇帝曾数次诏令景德镇督陶官唐英仿造历代名瓷。其中，仿宋官窑之器数量颇巨，釉色囊括了粉青、天青、灰白、灰青等，这些仿制的宋官窑瓷器釉质晶莹润泽，兼有古朴厚重之感，釉面上无片纹或呈冰裂纹状，层叠的纹路为乳白色或铁色。无论是在形态胎质方面，还是在釉色纹饰方面，清代仿制出的宋官窑成品都堪称完美。它近乎再现了宋代官窑纯美凝练的釉色，以及不事雕琢的自然淳厚气息。

那么两宋官窑制品究竟有什么魔力，能够让清代的帝王沉醉入迷呢？也许收藏在北京故宫博物院的这件官窑粉青釉弦纹瓶能告诉你答案。此瓶高 33.6 厘米，口径 9.9 厘米，足径 14.2 厘米。远远观之，其整体造型隽秀，器形比例协调，线条舒展雅致，富有曲线美。此瓶洗口、长颈、削肩圆腹，腹部弧度自然渐收到底部，圈足较高。没有华美的雕饰，也没有涂绘重彩，只在颈部至腹部以七道弦纹为饰，天然意趣迎面扑来，让人眼前一亮。再观其釉面，开片纹纵横交错，浑然天成，釉色粉青，施釉匀净温润，给人以淡雅隽永的玉质美感。釉层凝厚丰润，韵味十足。

官窑粉青釉弦纹瓶
北京故宫博物院藏

瓶身上的空间经由弦纹“切割”，观之有如竹节，改变了造型的单调感，增强了器物的装饰性，而圈足两侧可供穿绳系带的长方形扁孔则让典雅端庄的器物一下有了烟火气。这件以汉代铜器为蓝本的弦纹瓶不再是拘泥古物的仿制品，而是融入了宋人审美趣味的新品类。当然，除了以气韵征服帝王，更重要的是它的珍贵与显赫。

此官窑粉青釉弦纹瓶是典型的宋官窑陶瓷礼器之一。那么，宋代的礼器是否均采用陶瓷制作？其数量又有多少呢？宋代《朝会仪注》在关于“郊庙奉祀礼文”的记载中提到，“礼院仪注，庆历七年，礼院奏准修制郊庙祭器所状……今伏见新修祭器改用匏爵、瓦登、瓦罍之类，盖亦追用古制，欲乞祭天神位……”这也就表明，宋朝新造陶瓷祭天礼器的时间最迟为北宋仁宗庆历七年（1047）。

元丰六年（1083），宋神宗与群臣商讨礼器制度后，再次下诏将部分祭天礼器改用陶瓷制品。直到徽宗大观元年（1107），经过数次商讨，朝廷才明确：在祭地和祭祀先祖等重要礼仪活动中，亦使用陶制礼器。至此，陶瓷礼器的地位才得到官方真正的认可。不过即便如此，徽宗时期的主要祭器还是由铜制作，官窑烧制的陶瓷礼器数量并不多。

据史料记载，北宋官瓷在原料选用上极其考究，仅筛选原料这个初始的步骤就要耗时近一年。官瓷甄选的优质原料均要经过夏天的烈日暴晒、秋季的细雨滋润、冬日的冰雪浸注和春天的暖阳软化。这还没有结束，达到标准的原料还要经过数次粉碎碾磨、筛选成粉、入水澄洗的流程，再将择取出的精炼瓷泥进行反复揉搓，直至千锤百炼的瓷泥变成“绕指柔”，才能达到官窑的制瓷要求。

此外，北宋官瓷为追求美玉般温和柔润且有光泽的质感，釉料中还不计成本地加入了优质的翡翠、玛瑙等玉粉。唯有如此，才能使釉质匀润厚实、澄净莹亮，达到抚之如缎似玉、攥之仿佛出油的艺术效果。

北宋官窑无论是在地位、投入上，还是在它的技术、成果上，都绝非一般民窑可比。充盈着皇室华贵的艺术光彩与神韵的官瓷代表着中国陶瓷艺术的至尊与荣耀。所以，自官瓷问世以来，便被冠以“社稷神器”之称，享有盛誉。

“识得官瓷面，江山坐一半”，说的就是象征着皇权和尊贵的官瓷，玩赏和收藏范围极小，仅局限在帝王将相等小圈子内。因为官窑瓷器并非商业性产品，所以出产的器皿数量极少。遴选出的精品作为贡瓷送入宫里，稍微次者则掩埋销毁。作为宫廷的御用之品，哪怕是残次品，亦绝不允许流入民间。

后世历代帝王均将北宋官窑瓷器视为珍宝，并且世代相传，足见官瓷的珍贵程度。流传下来且保存完好的每一件北宋官瓷都是国家至宝。

沉稳雅致的造型、优美神妙的器态、含蓄温润的釉质，北宋官瓷让人不禁发出“增一分显肥，减一分则瘦”的艺术惊叹。在它隽雅的外表下蕴藏着的是宋代艺术家祥和静美的内心与温润素净的审美情趣。

爱它就为它写诗

乾隆年间的一天，夜风轻拂过树梢，几片飘零的花瓣悄然落入湖面，惊起了数圈涟漪，那清波似乎荡平了白日里所有的喧嚣。红色的宫墙，金黄色的琉璃瓦片，莹白的玉石栏杆，古朴厚重的青石基台……被月光笼上了银色的薄纱，气势恢宏的紫禁城就这样被大自然赋予了一份淡雅、一抹温柔。

此时，夜色渐深，养心殿的书房里却灯火正亮。身穿蓝灰马褂、顶戴花翎的首领太监李玉放缓了脚步，轻声走进室内。只见明窗前设一紫檀长桌，桌上摆有一雕漆龙盘，盘中盛放一古铜香炉，炉中的香盘兰麝之气四溢。听到声音，正在把玩《快雪时晴帖》的乾隆皇帝——爱新觉罗·弘历侧过脸给了李玉一个询问的眼神。

李玉立刻走上前要跪下行礼，乾隆帝手腕一抬免了他的礼，又指向他手中端得小心翼翼的礼盒，打趣道：“什么宝物，竟惊动你这个金贵的首领太监亲手拿着了？”“哎哟，万岁爷，您这可是折煞奴才了。今儿个前朝李大人送来个瓷器，说孝敬您洗笔用，奴才一看这器物倒是个精致的样子，衬得起您的眼，就斗胆拿过来了。”说完，李玉从锦盒中取出一圆形笔洗，呈到乾隆帝跟前。

一听说是瓷器，乾隆的好奇心都散了大半，再一听是笔洗，他更觉得无趣。不过这奴才深知他的喜好，乾隆眼光又十分毒辣，所以即便他已歇了心思，但还是将手中最为珍爱的至宝放下，打眼瞧了一下那笔洗。

这一眼可不得了，他那双见过无数珍宝的火眼金睛一下就被这个笔洗吸引了，看着竟然像宋朝御贡的官瓷。

“快拿过来给朕瞧瞧……”

“喳！”

“等等，朕得净下手……”待乾隆帝净了手，还未吩咐下去，李玉就让底下的宫人们提来了数盏铜鎏金宫灯，将屋子里照得恍若白日。

“你瞧，多么纯净莹澈的粉青釉色啊！这满布的冰裂纹片真是美到了极致。李玉啊！这可是珍贵的南宋官瓷！”

李玉站在一旁弯着身子，恭谨地擎着灯，眼里带着谦卑：“万岁爷，奴才是个粗人，哪里会欣赏好物件，更别提能品鉴出宝物所处的年代了。奴才只知道，您说好必然是好到了极致！”

被追捧得心花怒放的乾隆帝捋了捋嘴角的胡子：“这件圆洗除了造型工艺讲究，最重要的是它器口釉层单薄，器底部分又未经釉层遮盖，形成了‘紫口铁足’，这就是宋代官瓷的特征，也就是它的身份证明。”

“恭喜皇上，得此至宝！”

“你说得不错，这还真是件至宝。去！笔墨伺候，朕要为它拟诗一首。”

修内遗来六百年，喜他脆器尚完全。
况非鬐坠不入市，却足清真可设筵。
讵必古时无碗制，由来君道重盂圆。
细纹如拟冰之裂，在玉壶中可并肩。

翌日，阳光洒在金瓦琉璃上熠熠生辉，遇着湛蓝的晴天更添璀璨。乾隆帝把玩着新得的宝贝圆洗，只见它身上的晶莹细纹犹如寒霜破冰般层层裂开。于是震撼之下，乾隆帝做

官窑青釉圆洗底面
北京故宫博物院藏

了一个决定：“宣最好的玉作匠师来，将朕写的诗以楷书镌刻于洗之外底，朕要全天下的人都知道朕对它的珍爱。”

那么它究竟有何特殊之处，让见过无数珍宝的乾隆帝都为之倾倒呢？

这件宋代官窑青釉圆洗现收藏于北京故宫博物院中。我们先直观来看它的品相，此圆洗高 6.4 厘米，口径 22.5 厘米，足径 19 厘米。从个头儿上看并不突出，属圆洗一类的中等身材；再看它的模样，此洗呈敞口，器身近乎笔直又微微向外撇，洗内部坦平，矮宽圈足，底部外沿处胎体裸露未经施釉，整体造型古朴典雅，庄重大方；接着仔细观察它的装饰，此洗通体施青釉，釉并非单色，而是呈现出澄澈莹润的粉青色。釉面上，纵横不一的开片交织在一起，仿若丝线，开片的纹路间条条冰裂纹显现，两者交汇之下，让典雅的器物多了一抹令人惊艳的美。

最后，赏它的工艺技法，此洗表层满釉，采用裹足支烧法，器物底部还微微可见支钉的痕迹，造型、釉色均与汝窑瓷器极为相似，就连装烧工艺也与汝窑相同。再从口沿部位青釉微泛紫色、底部边沿露胎无釉色的特点可以看出，这件造型、工艺及装饰技巧方面都十分考究的圆洗是正宗的南宋官窑作品，是宋代宫廷的御用器皿。

说起两宋官瓷最典型的艺术特征，便不能不提“紫口铁足”。其经典的艺术变化还要归功于官窑的“总设计师”——宋徽宗。他引入汝窑的青瓷技艺，融入了汴京东窑，将独创的“东（冬）青釉”以及“紫口铁足”的工艺用于官瓷的烧制。这一开创性的举措极大地提升和丰富了中国传统的青瓷艺

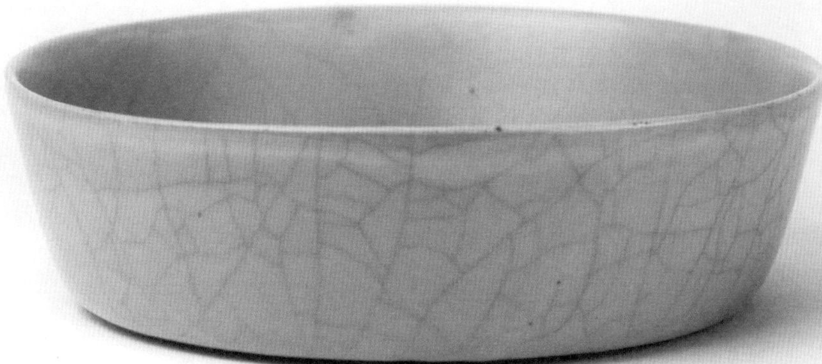

官窑青釉圆洗
北京故宫博物院藏

术，也让汴京一跃成为光耀天下的陶瓷艺术圣地。

史料记载，北宋时，官窑烧造瓷器在汴东阳翟取土，但是此处的黏土并非黑色的，辨其颜色勉强可称之为灰色。浅胎色烧出“紫口铁足”的真相就是采用了“夹炭胎”这道工艺，在颜色较浅的瓷土里掺入了可以调色的碳素晶粒，经过低温素烧，就会形成黑陶；然后在施釉过程中，经高温还原氧烧制，就能烧造出“紫口铁足”的北宋官瓷了。

靖康二年（1127），金朝的铁骑踏破了汴京，掳走徽、钦二帝及一众王公贵族。“靖康之耻”后，北宋王朝宣告灭亡。

宋徽宗第九子康王赵构定都南京应天府（今河南商丘），国号仍为宋，史称南宋。在南宋王朝成立初期，金军几度南下伐宋，天下动荡不安。没有了官窑，南宋朝廷曾临时征用余姚、平江（今江苏苏州）等地的瓷窑，生产祭祀用的御用贡瓷。直到绍兴八年（1138），宋高宗赵构正式定都临安府（今浙江杭州），南宋王朝才得以喘息。

作为宋徽宗的儿子，宋高宗对北宋朝廷祭祀所用的礼器及制度自然是谙熟于心。绍兴十三年（1143），宋高宗将在内心深藏已久的礼器复古之事提上日程。他决定承袭宋徽宗遗制，斥国资仿照北宋时期的官窑制度，自置窑烧造礼器。

绍兴十四年（1144），宋高宗下诏成立礼器局。南宋时期在修内司设置官窑，南宋的制瓷大业正式拉开了帷幕。绍兴十六年（1146），修内司官窑不负皇命，烧制出的贡瓷不但承袭了北宋官瓷的经典工艺及审美艺术，就连尺寸和造型都完美地再现了北宋“新成礼器”的绝美风姿。

南宋官窑的“紫口铁足”并非完全依照北宋官瓷的烧制工艺。官窑瓷胎取自浙江杭州特产的紫金土，这种土含铁量较高，烧制成的瓷器，胎色有些偏向较深的紫黑色；又基于釉料的流动性，在烧制时，口沿处的釉料会向下流淌，所以薄釉的口沿部分泛灰紫色，俗称“紫口”。而为了防止批量生产的器皿在烧制时粘连，在烧制之前需要将足底一周刮掉一层釉，没有了釉色的浸润，器物的足部露胎处近乎黑色，谓之“铁足”。

虽然两宋官窑的璀璨光华已黯淡，但它留下的惊世之作仍散发着灼人的王者气度。

快看，古代的花瓶多美！

作为“极简风”的开山鼻祖，宋人的生活总是带有那么一丝恬淡与惬意。不过崇尚清雅的宋人也喜欢一种艳丽的东西——鲜花。

宋代的花事格外兴旺。每逢仲春，百花怒放之时，宋人都会举办盛大的“花朝节”，这一天，邀上三五知己，踏春赏花，饮酒作乐，好不惬意。几乎家家有花的洛阳还会在牡丹盛开之际，由官方斥巨资举办“万花会”，到那时，万人空巷，男女老少会蜂拥前去赏花。

两宋时期，社会经济与文化得以迅猛发展，这时插花不再是诗人雅客的专属意趣，而成了全民性的潮流。时髦的宋人在实现鲜花自由后，又开始琢磨起了把花簪到头上之事。邵伯温《闻见前录》提到“虽贫者亦戴花饮酒相乐”，这话说的是不管男女老少，都爱簪花。

宋人对花的钟情使得当时的花卉贸易飞速发展。南宋时

官窑镂空瓶
杭州南宋官窑博物馆藏

期，临安府和宁门外的鲜花市场十分繁盛，这里近傍皇城，外接御街，地理位置优越。也正因如此，这里的客户群体十分庞大，既有皇室贵族、官宦士族，也有平民百姓。为满足顾客多元化的消费需求，这里的鲜花种类自然要讲究一个字——“多”，珍贵的奇花珍草有，价廉的家养花卉也有；典雅高洁的有，艳丽多姿的也有。

作为南宋的“网红”景点，生机盎然的和宁门外花市吸引诸多诗人吟咏“打卡”。花市的常客之一——杨万里就曾多次作诗描绘这里的热闹景象。他在《初夏清晓赴东宫讲堂，行经和宁门外卖花市》一诗中赞叹道：“芍药截留春去路，鹿葱礼上夏初天。众红半霎聊经眼，不枉皇州第二年。”这娇艳的红花迷住了双眼，也不枉他在皇城生活的这两年。另一首诗中的一句“和宁门外花如海”更分不清究竟是夸张还是现实。花似海洋，人如潮水！千姿百态的鲜花与熙攘往来的人群交织在一起，构成了无比绚烂的画卷。两宋花卉行业的昌盛直接刺激了新花器的研发，如花瓶、花盆这类专门为插花设计的花器已经和日用器皿区别开来，形成了一系列的专属造型。当时的花器既有清逸的竹筒，也有幽思怀古的青铜器皿，还有清新自然的藤竹花篮等。当然，花器中最为普遍也最为高雅的要数瓷质花瓶。除了冰肌玉骨、简约风的青釉花器，南宋官窑还曾经制作过一批造型大胆创新的镂空瓶。

现收藏于杭州南宋官窑博物馆的南宋官窑镂空瓶是皇家胆式套瓶中的典范。观赏此瓶，不难看出，本品是瓷瓶中最经典的造型之一——细口长颈的胆式花瓶。瓶高 21.5 厘米，口径 6 厘米，足径 7.8 厘米。瓶身由肩部到底部镂空雕刻了数朵花卉，乍看，与其腹上的花卉外观似乎是一致的，但细细观察就会发现古人的巧思匠心。花瓶上腹处刻单瓣仰莲，下腹则为双重仰莲，中间以镂空缠枝花卉巧妙自然地将上、下两部分花卉图案相连。任谁能想到，瓷器亦可以雕花呢？而这雕刻并非俗类，竟是新潮的镂空造型。

当然，爱花惜花的宋人早就考虑到了花瓶的实用性。在精致的镂空花瓶内还置有一胆式套瓶，用来汲水使花儿保持常鲜。续察其胎体，乃是灰青之色，通身施粉青釉，乳浊失透，釉面光泽淡雅柔和。其细微密集的开片是宋代官窑釉色最为典型的艺术特色之一。

徜徉在和宁门外的花海里，抬首是蝴蝶翩跹醉春光，低头是满溢的花香。这万花丛中，这精巧绝伦的花器里，绽放的不止花儿，还有宋人的“幸福指数”。

大蒜模样的酒器？

对宋人来说，获得幸福感的方式十分简单，春日里书案上的一束鲜花，夏日里消暑时的一把团扇，秋日里一炷氤氲的檀香，冬日里一盏暖心的清茗……这些微不足道的小细节都显露出宋人对生活的热忱与眷恋。因此，他们的生活看起来总是如此惬意自如。

“约客有时同把酒，横琴无事自烧香。”宋人的生活里又岂能少了酒的身影。打开大宋的生活图卷，一阵阵酒香扑面而来。两宋时期商品经济空前繁荣，城市里的商品琳琅满目、一应俱全，城市内的娱乐场所、食肆、酒楼俯拾皆是。

宋代瓷制酒具的质量和数量都远远超过了前代。瓷制酒具可谓五花八门，花样繁多，常用的盛酒器有长颈弦纹瓶、梅瓶、胆瓶、瓜棱瓶、琮形瓶等。在诸多酒器中，有个怪模样的酒器让人倍感亲切，赢得了众人的青睐，它就是蒜头瓶。

蒜头瓶，因瓶口呈蒜瓣状，器形与大蒜相似而得名。虽然

官窑青釉蒜头瓶
北京故宫博物院藏

此瓶看起来并不惹眼，但见证了我国酒器的巅峰时代，也是我国古代酒文化的代表器具。瓷制蒜头瓶始烧于宋代，宋人认为它突起的蒜头状瓶口可以堵上瓶塞，细长的瓶颈则便于手持抓握，而扁矮的瓶腹正好用来盛酒，所以它可用作温酒。两宋时期的蒜头瓶，在仿古的基础之上，被赋予了新的装饰风格，即将原来的蒜形口恢复平坦，其瓶身改为蒜头的造型。

现收藏于北京故宫博物院的官窑青釉蒜头瓶就彰显了宋朝皇家的审美品味，是在摹古中讲求创新的代表作品。此瓶高 13.2 厘米，口径 3.2 厘米，足径 5.7 厘米。此瓶直口，颈部细长，腹部由数条起伏的棱线形成似蒜头状的形体，圈足，足端露黑褐色胎体。此瓶通体釉色青灰，极具静穆古雅之风。其胎骨坚致，远视之，宛如佳人玉立，韵味无穷。

再细察其釉面，细腻肥润，仿若酥油般的光泽闪现，绽放出独特的艺术魅力。此瓶整体造型俊逸秀丽，线条柔和起伏，迤逦之姿尽显。

除了洗练的造型之美，这件瓷器釉面上遍布开裂的纹片，亦焕发着迷人的光彩。官窑的开片起源于官窑建造初期对汝窑的模仿。在继承了汝窑的开片形式后，聪明的窑工们把因工艺缺陷而出现的釉面纹路当作一种装饰效果，开始不断地探索、试验。此后，由釉面开片带来的极致美感成为官窑与众不同的典型特征之一，并受到了世人热烈的追捧和效仿。

至于官窑的开片标准，现今还未得出合理的结论。纵观两宋的官窑作品，釉面上的开片犹如百花齐放，呈现出千姿百态。有大开片、小开片抑或大小开片相间的文武片；纹片有浅有深，有稠密，有稀疏，纵横交织；有的如寒冰乍裂，层层渐下；有的仿若鱼鳞、渔网，鳞次栉比；有的保持着出窑时的原始状态，未经修饰；有的则刻意渲染突显纹路。这千变万化的炫美开片让人赞叹不已。

虽然宋朝的品茶之风盖过了饮酒之乐，但酒作为中国文化里不可或缺的一部分，很难全然从文人雅客的生活中消失。即便是淡雅温软的宋代，那些恣意潇洒的英雄豪气和浪荡不羁的性情气质也并没有消弭殆尽，而是和酒交融在一起，贯穿千载，散发出独特的风流气韵。

北宋宰相晏殊感慨“一曲新词酒一杯”；“造酒试验家”苏轼写道“夜饮东坡醒复醉，归来仿佛三更”；身为女子的李清照豪饮起来也是不遑多让，她曾经“沉醉不知归路”，也曾“浓睡不消残酒”。对于文人墨客来说，酒是艺术创造的灵感源泉，三杯两盏淡酒入了腹，幻化出的便是锦绣的诗篇。

那么宋代的酒业是怎样的呢？一个摊位、几张桌椅就可以随意卖酒？事实上远没有那么简单。唐代宗广德二年（764），为大力增加财政收入，官方对酒水贩卖实行垄断政策，“诏天下州县，各量定酤酒户，随月纳税，除此之外，不问官私，一切禁断”。

相比之下，宋代的酒业比前朝发展得更为昌盛，这与官方适时采取较为灵活的专卖政策密切相关。北宋建国之初，战事未平，政府并未对各地的酒类产销进行统一管理。宋真宗景德四年（1007），禁止一切私户造曲酿酒出售的榷酤制度开始正式实施，违背法令的结果只有一个——“等第科罪”。而随着商品经济的发展，人们消费水平日渐提高，宋人对酒的需求量大增，朝廷逐渐放宽酒专卖政策。宋神宗熙宁五年（1072）二月，政府全面实行“买扑制度”，通过竞标方式“遍卖天下酒场”，将酒类专营权下放到民间。

榷酤政策推行后，朝廷获得了巨额的国税收入。北宋初年，酒课收入只有 185 万余贯，大约是当时总税收的十分之一。自真宗景德四年（1007）开始全面实施榷酤制度，到天禧年间，酒课收入飙升到 900 万贯左右，而同期国家的财政收入约为 6000 万贯。南宋时期，酒课收入也有 1000 余万贯，占全国总税收的五分之一左右。

随着酒业的繁盛，走在潮流尖端的宋人再一次引领了酒器的创新与发展。充满复古风气的官窑蒜头瓶就是这一时期的产物。古器焕新生，举杯邀月，岂不快哉？

古代版“小萌鸭”

宋人的诗词中不乏熏香的身影，甚至可以说是俯拾可得。如“起来洗面更焚香，粥罢东窗未肯光”，文人雅士闲居独处时要焚香；“煮茗烧香了岁时，静中光景笑中嬉”，同为士大夫的雅道，烹茶之时岂能有不焚香之理；“短墙不碍远山青，无事烧香读道经”，将小巧的香炉置于案上，与莹莹砚池相伴，宋人读书时亦有焚香的习惯……由此可见，宋代文士们的生活已离不开焚香这一雅事。

宋时文人认为焚香可以宁神静气，高雅的香炉则可以怡情悦目。于是香炉逐渐发展成为宋人生活中不可或缺的重要器物。而文人熏香时所使用的香炉在造型、装饰、工艺等方面也发生了巨大改变。

若说起两宋时期文人圈里最流行的熏香用具，那就不得不提充满意趣的鸭形香炉。似乎宋朝的诗人都有一只熏香小鸭。晏殊在《燕归梁》中说“金鸭香炉起瑞烟，呈妙舞开筵”，大文豪苏轼也有一只同款的小鸭：“沉麝不烧金鸭冷，淡云笼

官窑鸭形器
杭州南宋官窑博物馆藏

月照梨花。”

除了金鸭，人们还给鸭形香炉取了许多好听的昵称，如睡鸭、金凫、香鸭、宝鸭等。作为香文化史上最可爱的香炉，小鸭还有着悠久的历史。早在西周，就出现了青铜鸭形器的身影，后世的手工艺品中鸭的形象逐渐增多。

汉代时禽类造型的香炉风靡全国，其中以雁炉最受欢迎，至南北朝以后，鸭的“社会地位”直线飙升，于是乎，可爱的小鸭便取代雁炉，成为香炉界中大受追捧的新星。唐朝时期，拥有一款铜鸭熏炉是一件十分时髦的事。到了文化发达的宋代，富含文雅之气的铜、瓷鸭熏炉已经推广开来，使用比较普遍。

现今，杭州南宋官窑博物馆里就收藏着这样一件小萌鸭。这件鸭形器只有鸭首、颈部和鸭身的前半部分存留了下来。虽后半段残缺，但那模样依然憨态可掬，可爱至极。

其鸭头娇小玲珑呈圆弧形，眼睛为点状孔，鼻孔如沙砾般，整体制作得十分精巧。栩栩如生的鸭首下是线条流畅的鸭颈。小鸭子舒展着曲颈、昂着首、喙部微启的模样格外招人喜爱。

小鸭子空空如也的腹部与鸭口部位连通，微张的嘴巴上设有开孔，背上亦有一圆口。将香料置于鸭腹中，点燃香料之后，袅袅香气便会从鸭子的嘴里和背部的孔洞中轻轻溢出，缓缓飘散，直至香雾满室。

北宋文学家秦观在《木兰花》一词中写道："玉纤慵整银筝雁，红袖时笼金鸭暖。"除了熏香之外，鸭熏炉也有熏衣的作用。宋人熏衣时，会在香炉的底座下放置一个承盘，用来盛热水。熏衣时，先点上香，接着在香炉下的承盘中倒入适量热水，升腾的水雾与馥郁的香气于半空中交汇融合，如此熏衣可以使衣物持久留香。

宋代瓷香炉急速发展的背后离不开香料的推进作用。北宋时期，宋人对香料的需求量很大，大量域外香料涌入。产于真腊（今柬埔寨境内）的名贵香料白笃耨在刚进入汴京城时，因产量稀少导致价格十分高昂，《高斋漫录》一书中记载此香“初行于都下，每两值钱二十万”。一代权相蔡京爱用此香，一日下来，往往要花费银钱数十万。作为顶级的享乐霸主皇帝，宋徽宗可以说是无香不欢，他对熏香热衷到就连室内照明的蜡烛都要自带芬芳。

宋人叶绍翁在《四朝闻见录》中记载：“宣、政盛时，宫中以河阳花蜡烛无香为恨，遂用龙涎、沉脑屑灌蜡烛，列两行，数百枝，焰明而香滃，钧天之所无也……”将龙脑、龙涎、沉香等昂贵的香料削成碎屑制成蜡烛，蜡烛点燃后受热融化，香气也随即催发而出，不多时，馥芳就弥漫开来，盈满于室。这种特调的“香烛”气味幽致尊贵，醇厚浓郁且留香持久，呈现出一种尊荣福瑞的氛围。

虽然我们已经无法得知北宋的皇宫里是否出现过瓷鸭

炉，但南宋官窑郊坛下窑址出土的这只青瓷鸭形器却告诉我们小鸭熏炉不仅征服了文人的心，还走进南宋宫廷里去“卖萌”了。

南宋时期设有两座官窑，修内司官窑的遗址在如今杭州凤凰山麓的老虎洞，后来另设的新窑窑址在如今的杭州乌龟山一带，即“郊坛下官窑”。南宋官窑鸭形器就是郊坛下窑址出土的珍品之一。

鸭，形象憨厚朴实，性格温顺，是最早被人们驯养的禽类之一。除了有丰收、收获的寓意，还因为“鸭”与“甲”是谐音，在科举至上的时代，被赋予了“中举”“高中”的美好含义。这只憨态可掬的“熏香小鸭”在两宋酝酿出了悠远的情思，何尝不体现了宋人对美好生活的向往与追求呢！

定窑，宋瓷中的白瓷典范

白瓷第一品牌

作为瓷器中的白瓷典范，定窑瓷器白釉之美和纹饰之美相辅相成，独步一时。这两大特色不仅引来了大文豪苏东坡的咏叹“定州花瓷琢红玉”，还引来了后人的尊崇。元朝刘祁在其著作《归潜志》中曾膜拜地说道：“定州花瓷瓯，颜色天下白。”从这里可知，有纹饰的定窑白瓷不仅俘获了宋人的芳心，还引领了“白花”风潮，成为当时的行业标杆。

定窑瓷器是北方白瓷的代表，因位于唐宋时期定州的管辖区域而得名。定窑白瓷的“成名之路”十分漫长。唐朝时期，邢窑被誉为“白瓷之冠”，而刚刚创烧的定窑则处于起步阶段；唐代后期，邢窑白瓷逐渐没落的同时，定窑白瓷则异军突起，实现了一次质的飞跃，烧制出了不亚于邢瓷的精致瓷器，得到了官方的认可；到了宋代，定窑已完全取代邢窑，

定窑白瓷铺首龙耳方壶
台北故宫博物院藏

成为全国白瓷行业的中心，以至于民众们只知道“定”而不知道曾经辉煌一时的“邢”了。

定窑虽然原本只是民窑，但烧制出的白瓷品质精细，颜色玉润，纹饰娟秀，给人以恬淡柔和的美感。定瓷的这些特色与宋代士大夫阶层的审美意趣十分吻合，受到文士青睐的白瓷在被宋朝政府选为宫廷用瓷后，又赢得了贵族阶层的喜爱。一时间，定瓷的美名在民间广为流传，风头无两。

现在，就让我们通过定窑白瓷铺首龙耳方壶来领略宋代定窑绝佳的艺术风采和高超的工艺水平吧！

此壶通体施牙白色釉，釉色润泽莹亮，釉质净透厚重，是仿青铜方壶造型的经典器形。壶口呈长方形，颈部修长，肩部下饰以微微凸起的方棱，腹部略呈上窄下宽的梨形，器底平整，有圈足，且圈足较矮未施釉。

壶的口沿处装饰了一圈回纹，颈部因采用纯手工修整，故稍显不平整，却比流水线产品增添了一份独到的匠心，流露出创作者的真性情，两侧装饰双龙耳。颈面饰一周几何图纹，里面围着一兽面。下方颈肩中央正、反两面各贴有一精巧的铺首衔环，两环对称。衔环周围采用划花技法，刻画出流畅的花纹线条。圆腹上刻着多枝并蒂莲瓣纹，莲花旁簇拥着一片片饱满的荷叶，线条生动，富有活力。

划花是定瓷的招牌技艺，即在未干的素胎表面，利用单齿、双齿、梳篦状工具刻画出线状花纹，再施以透明的釉色或直接入窑烧制。

定窑的划花手法灵巧，线条精细流畅，一气呵成，几乎没有深浅粗细的变化，可见陶工刻画技艺的高深。素净典雅的牙白瓷面上，纹线交织清晰可见，刻线凹陷处因积釉而呈现出的釉色较深，清晰灵动的纹路衬得瓷面愈加华美，富含变幻与温雅的美感。

这件铺首龙耳方壶的制作工序为：先由人工拉坯制成整体器形，再将壶口和颈部塑成长方形。接着将手工塑好的双龙耳贴到方壶两侧。壶外壁上的所有装饰花纹均由手工刻画而成，从器壁上最为精美的莲花纹来看，划花时，工匠综合使用了如斜刀、直刃、篦刀等多种工具。

比如，用篦刀在已经“绽放”的花瓣上刮划出一条条平行的细线，这线突显出花瓣纹路。除了叶片、花瓣，潺潺的水波纹亦常用篦纹来表现。虽然篦纹在定窑划花白瓷上随处可见，但要想掌握划花的技术却不是件简单的事。若坯土过湿，在起刀的地方就会堆积上泥点；若坯土又干又硬，划花时的线条流畅度受到限制，器坯就容易随时崩碎。

宋瓷崇尚自然不造作，除了技术过硬，宋代的工匠还尽显创作才情，挥洒自己对美的见解，追求艺术的真谛。虽然这件铺首龙耳方壶器的表面没有那么平整，釉色中含有可能是在划花过程中被挑起的泥块，染上了微小的瑕疵，但这种率性的手法却给瓷器带来了活力，注入了自在的灵魂。

作为宋人心目中的白瓷典范，宋时定瓷不仅在国内产生了巨大影响，引来各地官、民窑场的竞相模仿，还将美传播到了世界，广受海外客户的青睐。北宋宣和六年（1124），徐兢以“奉使高丽国信所提辖人船礼物”官的身份出使朝鲜，归国后，完成了《宣和奉使高丽图经》一书。书中记载高丽国的匠人曾以宋代定窑的瓷器造型为蓝本，制作了一批花瓶、碟、酒樽、碗、杯等青色陶瓷。

11 世纪时，定窑通过“海上丝绸之路”将产品外销到西亚地区，尤其在波斯地区受到了广泛的追捧。这种细腻、纯净的白瓷让当地的陶工大为惊叹，于是他们开始仿制白胎，并在造型、风格上仿造定窑的白瓷。

定窑与其他窑口一样，为了迎合海外市场的审美需求，在商贸往来过程中，还特意吸收了对方的文化元素，定制了一批新颖别致的外销瓷，如定窑海棠式杯就借鉴了萨珊王朝时期出产的经典银器造型，一些定窑白瓷还装饰着西亚地区人们钟爱的植物花纹。

没有铺天盖地的华丽纹饰，没有斑斓的色彩，定窑白瓷用淡雅的乳白色，用秀美含蓄的纹饰，给人以柔和悦目、恬静深邃的温润美感，为人们呈现出了中国独特的传统美学：中和之美。

在宋朝卖断货的婴儿枕

《说文解字》中记载："枕，卧所荐首者。"枕作为人们日常生活中必不可少的小物件，虽然看上去毫不起眼，却有着十分悠久的历史。

最早的枕头可以追溯到新石器时代。在枕头漫长的发展历程中，按材质可以分为木、石、瓷、玉等较硬的一类材质，还有布、帛、皮、革等柔软的一类材质。

宋金时期，随着制瓷业走向高峰，瓷枕也在民间广泛流传起来，形成了独特的瓷枕文化。瓷枕又冰又硬，为何古人会对它情有独钟呢？《本草纲目》中记载："久枕瓷枕，可清心明目，至老可读细书。"即长期使用瓷枕头可以清心明目，即便年岁大了，读起书来也不花眼。由此可见，使用瓷枕是符合古代中医学提倡的健康法则和养生之道的。

两宋时期，瓷枕作为日常生活用品，需求极大。在我国南北方，无论大小窑系，都有烧制，其中定州窑系的瓷枕尤为著

定窑白瓷婴儿枕正面
台北故宫博物院藏

名，被誉为“枕中贵族”。而谈及定窑瓷枕，则不能不提到收藏于台北故宫博物院的北宋定窑白瓷婴儿枕。

此件定窑白瓷婴儿枕独具一格，塑造了一个稚趣可人的孩童俯卧于榻上的形象。此枕底部为长方形托座，托座上刻有团云、螭龙等寓意吉祥的纹饰。器底素胎未施釉，并设有两个圆形的通气孔，一方面是为了防止瓷枕在烧制过程中因高温膨胀爆裂；另一方面是在日常使用时，可以排出进入枕箱里的热空气，使枕面保持清凉。

座上饰一孩童，孩童的头部伏在交叠的手臂上，左手在上，右手在下，头部微侧。左手手腕处有珠串饰品露出，右手拿一绣球，绣球上花纹精巧，缀有璎珞。男孩背部低平，正好做枕面使用。两只小脚交叠在一起向后微微上翘，那悠哉的模样十分惹人怜爱。

再凑近些看，只见孩童的样貌、衣着刻画得生动传神。胖乎乎的脸上带着笑意，像一朵灿烂的向日葵；眼睛瞪得溜圆，目光炯炯；高高的鼻梁挺翘着，嘴唇丰润；下巴处饱满丰腴，圆鼓鼓的小脸两侧散着两绺头发。孩童的整体形象与动作，无不散发着健康的朝气和盈盈的喜气，这正体现了宋人心目中一个健康孩子拥有的所有特质。

男孩身穿长袍，外罩一件坎肩，坎肩上饰有花纹。从精细流畅的衣纹来看，孩子的衣衫应为华丽的丝绸布料，这一细节也在暗示着这个“小可爱”应出生在富贵人家。

婴儿枕通体施白釉，整体呈现出温润的象牙白色，无论是质感还是色调，都让人感受到一种清新、恬淡、雅致的艺术魅力。定窑婴儿枕的同款瓷枕还有两件，均收藏于北京故宫博物院。三件婴儿枕的整体造型（包括形体、外貌、衣服褶皱等在内）几乎一致。只有细节处的纹样、纹饰技法和尺寸有极小的差异，如北京故宫博物院的婴儿坎肩上没有花纹。如此来看，三件瓷枕所用的造型模具应该是相同的。北京故宫博物院内藏的另一件同型婴儿枕虽有残缺，但因标注了明确的年款而显得更为宝贵。至今，它的托座上还能清晰地看到"元祐元年八月廿七日……"这一段印记，这是目前所知的唯一一件写有北宋"元祐元年"款识的瓷枕，这个款识为研究宋代瓷枕的文化和年代提供了珍贵的实物依据。

明代高濂在《遵生八笺》中描述定窑婴儿枕时曾说道："有东青磁锦上花者，有划花定者，有孩儿捧荷偃卧，用花卷叶为枕者。此制精绝，皆余所目击，南方一时不可得也。"由此可以看出，定窑生产婴儿枕不仅制作工艺精良，造型众多，名气也很大，甚至达到了"南方一时不可得也"的程度。

瓷枕的样子千千万万，那么为何宋人如此钟情婴儿枕呢？这还要从两宋的时代背景说起。在古代，人口即代表着生产力，尤其北宋立国之初，刚刚结束五代十国的长期战乱，朝廷渴望提高生育率，通过增加人口来增强国力。于是朝廷带头鼓励生育，重视儿童教养。

为了鼓励生育，宋朝实行了一些物质补助政策。北宋仁宗时期，在贫困家庭中，女性怀孕期间没有收入，国家会提供一定数量的粮食补贴；到了南宋高宗时期，生育补贴等福利

定窑白瓷婴儿枕背面
台北故宫博物院藏

制度已经普及到全国范围了。南宋绍兴八年（1138），宋高宗诏令全国："禁贫民不举子，其不能育者，给钱养之。"这便是有名的"胎养令"制度。"给钱养之"的意思十分明确，就是如果百姓因为太穷养不起孩子，那么国家会掏钱帮忙养。

要是有人浑水摸鱼，骗钱怎么办？为防止有人钻空子，也为了使真正需要补助的家庭可以获得相关福利，南宋朝廷又下达了一道补充法令："州县乡村五等、坊郭七等以下贫乏之家，生男女而不能养赡者，每人支'免役宽剩钱'四千。"

孩童作为当时社会上的重点关注对象，也成为瓷器装饰的题材。据孟元老《东京梦华录》记载，汴京、临安风俗，每年的七夕佳节，无论是达官显贵，还是平民百姓，家家都喜购买泥塑的小人偶“磨喝乐”，用以乞巧。除了“乞巧”，这个地位相当于现在的芭比娃娃的小人偶还承载着宋人多子多福的愿望。因此，婴儿枕一经问世，就戳在了宋人期盼儿孙满堂、多子多福的心尖上，受到了狂热的追捧。

瓷枕上的孩儿或玩乐嬉戏，或酣畅甜睡，或仰卧或端坐，

定窑白瓷婴儿枕底面
台北故宫博物院藏

模样不同，形态不一，就连烧制它的窑口也有所不同。但那股强烈的市井气息却是相同的，它涵盖着古人对子嗣兴旺的企盼，体现了浓厚的时代特征。

防烫手“神器”

盏托，顾名思义，用来承载杯盏的器物，相当于古代的定制杯垫。盏托又有“茶托”“茶船”之称，和茶盏一起搭配成茶具套装后使用。宋人饮茶之风盛行，离不开茶具的制作和使用，盏托的演变史就是古人的“饮茶风俗史”。

《资暇集·茶托子》一文中记载了盏托的起源。唐建中年间，蜀相崔宁之女在饮茶时觉得茶杯烫手，便取来碟子端放茶杯。饮完之后，她灵光一闪，用蜡熔化滴在碟子中央来固定杯子，后来又让工匠在碟子上做了漆环代替了蜡，这就成为盏托的雏形。可见，盏托的发明初衷是为了防止热茶烫手。

不过虽然发明于唐朝，但“盏托”一词直到北宋才出现。司马光在其家庭礼仪的著作《书仪》上提到：“主人主妇帅执事者诣祭所，于每位设蔬果各于卓子南端，酒盏、匕箸、茶盏托……”唐代的盏托造型丰富多样，但总体都呈现出一个特点，那就是雍容华贵，轮廓饱满。唐人尤其钟爱各类花形盏

定窑白釉刻回纹盏托
北京故宫博物院藏

托。两宋时期，品茗喝茶之风兴盛，作为饮茶的器具，盏托的需求量日渐增加。此时的制瓷窑口遍布南北，瓷质盏托成为这一时期的主流，得以大批量生产。

相对于唐朝丰满的盏托来说，宋代的盏托明显地“瘦”了一大圈。不但在器形上发生了巨大的改变，样式种类也更加丰富。在设计上，宋代的盏托更为精致，也更贴合生活。在釉色和装饰等细节部位，宋代盏托更倾向简洁美与自然美。透过定窑白釉刻回纹盏托这一经典之作，或许我们可以一窥千百年前人们的生活情境，体悟宋人的爱好和风俗。

定窑白釉刻回纹盏托通身高 6.5 厘米，口径为 8.6 厘米，足径 8.2 厘米。盏托连贯一体，上部为耸起的杯形托杯台，台底为圆盘形，为呈现稳固效果，下部圈足做外撇状。盏托的托盘口缘处，为遮掩芒口缺陷，特意镶嵌了一圈铜口。盏托内外施白釉，釉水丰润，釉色白中微微泛黄，有象牙的质感，托杯台的口沿与圈足处均未施釉。

盏托胎体削薄如纸，用手指轻弹，会发出清脆如磬的声音。托杯外壁的口沿处与托盘内壁接近口沿的地方还刻画了一圈定窑的特色纹饰——回纹。简洁的回纹配在淡雅的莹白釉面上，更显典雅优美。此盏托造型古雅，器形玲珑，色泽莹润，纹饰简洁，比例匀称，线条流畅。在给观赏者带来冰清玉洁的视觉美感的同时，也唤起了人们对中国悠久高雅的茶文化的无限遐想。

之所以会产生“芒口”现象，是因为定窑主要采用覆烧法这种烧制方法。北宋前期，大多数窑口采用正烧法制瓷；北宋中后期，定窑首创了覆烧法和火照术，从而改变了宋代瓷窑装烧技术的格局。

覆烧法就是将瓷坯反扣着摞叠在一起放入窑内焙烧，器皿之间用垫圈隔开，如此一来，可以更好地保持瓷器的外形。

瓷器多层叠摞后再装入匣钵，一个匣钵内可以装很多瓷坯，这样不但巧妙地利用了空间，而且节约了大量燃料能源，从而降低了制作成本，也使产量大幅度提高。此法一出，在南北瓷窑中产生了巨大影响，对促进我国制瓷业的发展起到了重要作用。

覆烧法看似完美，但也有明显的缺陷：反扣着烧制器皿，就是器口“着地”，为防止在烧制过程中产生粘连，就要刮去口沿与足底的釉面，这就必然会产生露胎现象。这些粗砺的毛边就被称为“芒口”。不过这个问题很快就被定窑工匠用镶口解决了，作为宋代的流行款式，皇家贵族可以镶金口，有钱人可以镶银口或铜口。

但令人意想不到的是，让定窑声名鹊起、登上顶峰的覆烧法也让它走下了神坛。虽然定窑对于瓷器口沿做出了妥协，但终究还是被宋徽宗嫌弃了，哪怕定窑在碗口的位置加了低温釉，特意将芒口包裹了起来，“可堪用”了。只不过这厚重的口沿多了份老款搪瓷茶缸子的乡土范儿，实在不那么美观。于是接受不了这一缺陷的宋徽宗说出了著名的评语“定瓷有芒不堪用”，直接将定窑从天上拉到了凡尘。

不过定窑即便为宋徽宗个人所不喜，还是作为官窑一直为朝廷进献瓷器。那么宫廷定制的定瓷流到了皇宫中的何处呢？北宋崇宁二年（1103），宋徽宗在殿中省设立了专供统治者服务的机构“六尚局”（含尚食、尚药、尚衣等）来掌管日常的宫廷供奉。《宋史·职官志》载：“曰尚食，掌膳羞之事；曰尚药，掌和剂诊候之事；曰尚醖，掌酒醴之事；曰尚衣，掌衣服冠冕之事；曰尚舍，掌次舍幄帟之事；曰尚辇，掌舆辇之事。”现出土的一部分定窑瓷器的底部就镌刻着“尚食局”“尚药局”等与宫廷有关的铭文。

六尚局设立后，政和元年（1111），《六尚供奉式》编订完成，六尚局所有贡物种类、数量和标准等都按照此令执行。宣和七年（1125），在御用瓷器的名单中提到“尚食局……中山府瓷中样矮足里拨盘、龙汤盏一十只……”由此可以确认定窑曾向北宋尚食局进贡盘、盏等瓷器。

将盏的浅足嵌入托的环杯中，观其简洁的造型，品其素雅的色调。盏与托的结合不仅让二者达到了颜值巅峰，还体现了宋人崇尚优游自适的生活智慧及大雅无华的艺术品味。

高定版彩釉瓷器

定瓷清新素雅，色泽莹润可爱，自问世以来就备受推崇，到了宋代，更是成为宋人的心头好，被列为五大名瓷之一。作为北方白瓷的典型代表，定窑瓷器多为白胎白釉。宋时，定窑的窑口随处都是白花花一片，其中白瓷占有相当大的比例。

《清秘藏》一书记载："定窑有光素、凸花二种，以白色为正，白骨而加以泑水，有如泪痕者佳，间有紫色、黑色者，不甚珍也。"除了流有"泪痕"的白釉，定窑亦有少量的黑釉、酱釉、绿釉等珍稀品种产出。明代曹昭在其著作《格古要论》中说到了当时定窑瓷器的收藏价值："有紫定，色紫。有墨定，色黑如漆。土俱白，其价高于白定。"可见物以稀为贵，到了明代，紫定和墨定（黑定）的收藏价值已远远高于定窑的"明星产品"白瓷。

定窑黑釉瓷，又被称为黑定，其釉色如墨似漆，均匀光润。釉质细腻，虽壁薄身轻，但十分坚固。可惜的是，"黑定"

定窑紫金釉葵瓣口盘
北京故宫博物院藏

器物烧造的数量极少，格外珍贵。比起黑定，绿定更为神秘，既没有宋时的文献可供参考，又没有完整的传世品留存下来。但北京故宫博物院曾在定窑遗址采集到一种釉色青翠的瓷片，其中一片釉面上还装饰着精巧的龙纹。

所谓紫定，学术界普遍认为其就是酱色釉。宋时，漆器百花齐放，尤为流行，酱色釉瓷器的造型大多来源于对酱色漆器产品的仿造。现收藏于北京故宫博物院的定窑紫金釉葵瓣口盘就是宋代酱色釉定瓷中的典型作品。

此盘通体高 3.5 厘米，口径 17.9 厘米，足径 5.9 厘米。盘口向外撇，在口沿处做六个切口，形成等分的连弧花瓣状，因形似秋葵花而得名。盘腹部线条逐渐向内部收起，近底的线条交汇处呈清晰的折角状，又有“折腰盘”之称。此盘里外施酱色釉，外壁施釉未至足缘，露素白胎体。

作为定窑罕见的酱釉器，此盘釉色稍淡。细观之下，酱色的釉面中微微闪着浅黄，这种酱中带黄的釉色还有个专属的名称——“紫金釉”。但宋时酱釉器并非定窑的独创，据文献和出产文物可知，河北磁州窑、陕西耀州窑等窑口也有烧制。

葵口盘始创于唐，是盘的寻常样式之一，宋时在北方广为流传。葵口瓷器的设计灵感应来源于金属器工艺，金银类的圆盘为增强器物实用性，常将口沿做成葵口状，腹部制成瓜棱形。后来这一经典工艺被陶瓷匠人整体移植到了瓷器上，其独特的器形受到了人们的喜爱并经久不衰，甚至沿用到了今天。

宋时，定瓷常见的器型有碗、灯、碟、盒、瓶、枕等，炉、罐等器型则比较少见。所有品类中，盘和碗的生产量最大，销售量也最高。此葵口盘造型精美规整，色调清雅匀净，折角立体，呈现出简洁流畅的视觉风格，充分体现了赵宋一朝的高雅审美，是定窑瓷器中难得的精品。

除了紫、黑、绿等高定款式，定窑的彩釉瓷中还有一个特别的存在，即传世品中难得一见的“红釉”。而正是这款定州的红釉瓷器，竟让素来温和的老好人宋仁宗大发雷霆。宋人邵伯温在《邵氏闻见录》中记述道，一日，仁宗临幸宠妃张贵妃所住的寝殿时，见到一件定州的红瓷器，于是厉声质问道：“此物从何处来？”张贵妃见官家面色不悦，只好承认这件珍宝是王拱宸进献的。仁宗大怒：“我经常告诫你们，后宫不要和外臣来往过密，更不要随意接受臣僚的馈赠，怎么你们就听不进去呢？”话音刚落，仁宗持着斧头将这件红釉瓷敲碎了……

这里所说的定窑红釉虽然还是个未解的谜团，但有一件事是毋庸置疑的，那就是定窑红釉瓷一定珍贵至极，不然它也不会被当作重礼进献给张贵妃，更不值得燃起一国之君的怒火。

“为人君，止于仁”，宋仁宗赵祯素来以“仁”闻名于后世，除了仁爱宽厚，在位期间，他亦十分节俭。因为颜色深浅难以把握，所以要想烧制出一件完美的定窑红釉瓷，要耗费许多人力、物力、财力。可即便是不计成本地投入，烧制出一件红瓷成品也十分不易。爱民如子的宋仁宗体谅工匠艰辛，同时为了防止宫里形成攀比浪费的风气，就下令将成品率极低的定窑红釉瓷从供御之器的名单中剔除，并以身作则，警戒权贵不能将定窑红釉瓷据为己有。

关于定窑红釉瓷，至今还没有准确的说法，但是一般认为定窑红釉瓷属于定窑酱釉瓷器的一种，可能因为窑变，偶有瓷器的釉色偏深、偏红，外表看着像红釉瓷器而已。在定窑打造的白瓷王国中，那些缤纷的彩色釉亦绽放出独特的光华，让定窑的光芒更加璀璨，更加绚烂。

哥窑，陶瓷史上的一大悬案

宋人餐桌上的饮食器

两宋历史上著名的兄弟组合可以说是灿若繁星。如大文豪苏轼、苏辙兄弟，同年同科及第的曾巩、曾布兄弟，留下“双状元”佳话的宋庠、宋祁兄弟，开创理学的旷世大儒程颢、程颐兄弟……在宋朝的陶艺界也有这样一对兄弟，他们开辟了中国陶瓷艺术的新天地，对中国陶瓷事业的发展做出了卓越贡献。

相传南宋时期，处州龙泉县（今浙江省龙泉市）有章生一、章生二兄弟二人，兄弟俩皆是制瓷好手，后来两人各自建立了烧瓷的窑口，成为一窑之主。哥哥章生一所主理的窑称为哥窑，弟弟章生二的窑则称为弟窑，因窑址位于龙泉，故又称“龙泉窑”。至此，广为流传的宋代五大名窑之一的哥窑，带着让人惊叹的美丽和扑朔迷离的身世，来到了我们眼前。

哥窑之名虽如雷贯耳，也有为数不多的传世作品留存下来，但它与神秘的北宋官窑一样，时至今日，都尚未发现它确切的窑址。关于哥窑的窑址，学术界众说纷纭，有人说，它在南宋都城临安（今浙江省杭州市）；有人认为，它在瓷都景德镇；也有人说，在创始人章生一的“老家”龙泉……在缺少科学佐证材料的情况下，我们只能从一些古籍史料入手，去推究、揣测它的身世。

如今留存下来的宋代史料或著作中并未出现关于哥窑的任何记载。现存关于哥窑的最早记载见于元代，明清时期也有一些关于哥窑的文献记载。明洪武时期，一些文献中则出现了“哥哥窑”和“哥窑”这两个不同的称谓，可惜并未提及哥窑的窑址所在。据后来的《宣德鼎彝谱》一书记述，明宣德年间朝廷的内库藏有柴、汝、官、哥、定等各窑瓷器，且仿宋代哥窑的瓷器款式也在古玩界流行起来。明嘉靖四十五年（1566），郎瑛在《七修类稿续稿》一书中明确地指出了哥窑所在的地方及时代：“哥窑与龙泉窑，皆出处州龙泉县。南宋时，有章生一、生二兄弟……”

有些材料只是传说或猜测，并未得到论证，只可借鉴参考。但古籍中所言，哥窑问世于宋朝的这一推测得到了后世的普遍认同。

哥窑窑变葵瓣口盘
台北故宫博物院藏

如今，宋哥窑已然湮灭在历史的长河中，不过幸运的是，我们可以从哥窑的传世之作中管窥其绝世风采，解读其瓷器的特色。

这件窑变葵瓣口盘就是宋代哥窑瓷器中的珍品。此盘呈六瓣葵花形，口沿向外延伸敞开，浅腹，腰线平折向下构成盘底，圈足较矮，外底部略有内凹。此盘通体施灰白色满釉，釉色莹润，釉面满布细碎的黑、黄两色开片纹，若金丝铁线，别有一番美感。因采用支钉烧的技法，器底残存六个圆形支钉痕。足底露胎处因涂有褐色护釉汁而呈现灰褐色，局部微微泛黄，口沿釉色呈现灰紫色彩。这件窑变葵瓣口盘因变幻多姿的釉色而成为哥窑的经典之作。

古人言，人无贵贱，家无贫富，饮食器皿皆所必需。常见的饮食器，如碗、盘、杯、盏、壶、瓶，在人们的日常生活中发挥着举足轻重的作用。对于高度追求生活质量的宋人来说，美食要配美器。一件美观的饮食器带来的愉悦享受要与它盛装的美味佳肴相匹配。

宋代城市商业经济繁荣，文艺风潮浓厚。受士大夫审美的影响，即便是日常所用的饮食器，也形成了朴素、淡雅的艺术风格，这是其他时代的饮食器物所不能及的。

中国古代饮食器种类繁多，食具主要有盘、筷、钵、碟、勺、碗等。盘自出现起，就占据了食具的至尊位置，作为饮食器中的基础器具，宋人在盘原有的制式上赋予了它丰富多样的造型和大方美观的特性。

“盆大者曰盘”，古代的盘子可是货真价实的大块头，可以盛放食物或盛水，有时也作为祭器出现在祭礼中。到了宋朝，盘子的尺寸有了显而易见的变化，在大形制的盘子之外，

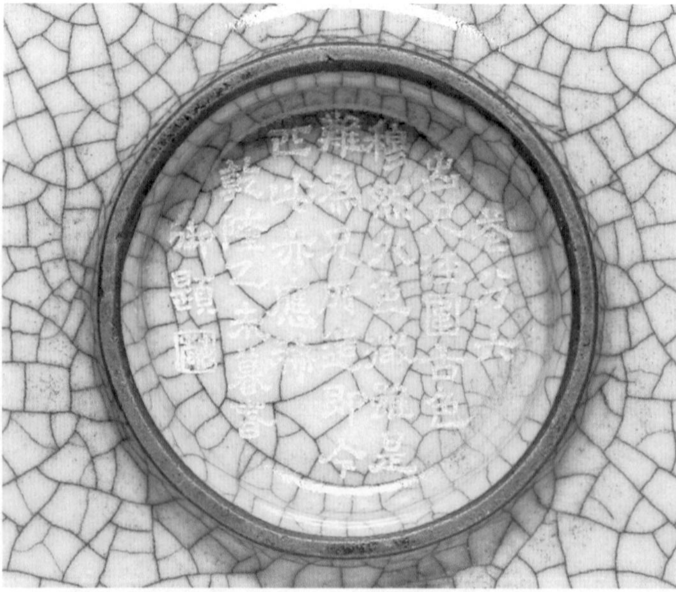

哥窑窑变葵瓣口盘底面
台北故宫博物院藏

宋人还发明了许多精巧的、尺寸适中的盘子。除了圆形、方形、四角形等经典的形状外，宋时的盘子造型还有八角、腰样、四角牡丹、花形等。各大窑口烧制的盘子不但造型不一，装饰也各不相同，有的在盘底压印出各式各样的图案，有的在器型上精心雕琢，而哥窑的窑变葵瓣口盘则以别具一格的釉色和片纹取胜。

随着商品经济的发展，人们的生活水平得以提高，两宋时期，奢靡之风盛行。不仅高官显贵生活奢靡，有的百姓也十分奢侈。为整治享乐奢靡的风气，宋代朝廷出台了许多治理政策。在百姓日常饮食的消费方面，官方提出了“斥奢汰，革风俗”的主张，并要求皇室、朝臣带头做表率。如《宋会要辑稿》中记载，宋仁宗曾发布了一道禁止奢侈的政令：“非三品以上官及宗室、戚里之家，毋得用金棱器，其用银者毋得涂金。玳瑁酒食器，非宫禁毋得用。”可见宋代提倡简朴、淡雅，而这也正是宋代饮食器造型始终追求和表现的风格之一。

不过这种简朴为先的饮食风尚到了徽宗时期来了一个惊天逆转，宋徽宗不但在饮食上追求奢华，就连饮食器皿都要极尽奢侈华美。据史载，政和二年（1112），宋徽宗在太清楼宴请蔡京等九名大臣，宴后，蔡京作纪云：“出内府酒尊、宝器、琉璃、玛瑙、水精、玻璃、翡翠、玉，曰：‘以此加爵，致四方美味。’”官僚士大夫也多以奢靡为尚。司马光说：“宗戚贵臣之家，第宅园圃，服食器用，往往穷天下之珍怪，极一时之鲜明。”（司马光《温国文正公文集》卷二三《论财利疏》）又曰：“近日士大夫家，酒非内法，果、肴非远方珍异，食非多品，器皿非满案，不敢会宾友。”（司马光《训俭示康》）

哥窑在浑身是谜的同时其瓷器却备受赞誉。它留给世人的不仅有那无可比拟的传世珍宝，还有无尽的猜测。

谁说宋人不爱牡丹

你会被茶叶蛋上那满布的碎纹迷住吗？你会觉得一片片褐色的蛋壳也是一种精致的纹饰吗？这破碎的纹路在哥窑瓷器上，却生成了一种极致的美感。哥窑的瓷器不像其他窑口产出的瓷器那么光润平滑，它周身布满了密密麻麻的碎纹，仿佛随时都要裂开一样。而正是这种独一无二的自然裂纹，让它比其他瓷器多了几分优美，多了几层光环，多了几丝珍贵。

那么哥窑的“破碎”纹片到底美在哪里呢？或许台北故宫博物院所藏哥窑月白牡丹花式小洗可以带我们梦回大宋，一睹哥窑的破碎之美。

此洗作十瓣牡丹花造型，口沿微微内收，腹壁随着花棱而呈起伏状，器底平坦，唯中心处微微内凹，未设圈足。全器施月白满釉，底部因采用支烧法遗留六个支钉痕迹，钉痕处露黑色胎体。

哥窑月白牡丹花式小洗正面
台北故宫博物院藏

哥窑月白牡丹花式小洗侧面
台北故宫博物院藏

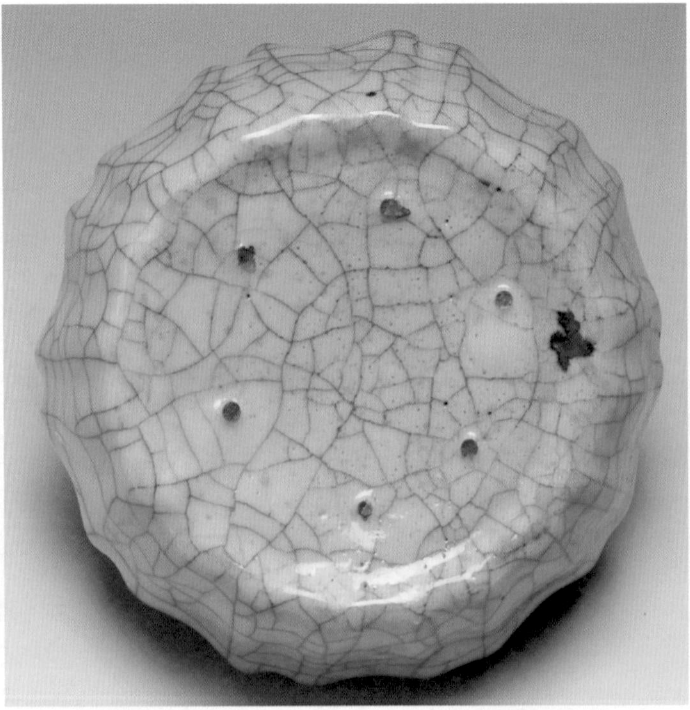

哥窑月白牡丹花式小洗底部
台北故宫博物院藏

此洗釉色呈灰青色，口沿处釉层轻薄，映出紫黑的胎体，俗称“紫口”。细察其釉面，会看到乳浊的釉层上有明显的气泡浮现，并满布细密的开片纹。这些开片无论是色彩，还是形态，均不相同，其中大片纹线呈铁黑色，小片纹线呈金黄色，粗细不一的黄黑线交织在一起，形成了哥窑最典型的特点“金丝铁线”。正是这些浑然天成的纹片，赋予了哥窑与众不同的破碎美感。

前人在点评宋代五大名窑时曾说道：“雨过天青话汝窑，

如冰似玉品官窑，金丝铁线论哥窑……”关于“金丝铁线”还有一个传奇的故事。

故事的主人公仍然是龙泉的兄弟二人——章生一、章生二。因哥哥烧出的青瓷被皇家钦点为御用官瓷，故弟弟心生妒意，一次，他趁哥哥不注意，往哥哥的釉缸中倒了一些黏土。哥哥像往常一样烧窑，谁知瓷器烧好后开窑一看，顿时大惊，满窑瓷器的釉面全部破裂开了，而且裂纹全然没有规律可言，有长有短，有细有粗，有弯曲的，还有笔直的……哥哥拿着“坏掉”的瓷器仔细端详，他尝试着将茶水和墨汁涂在烧坏的瓷器裂纹上，没想到竟然产生了“金丝铁线”的效果。而正是这种新奇的裂纹青瓷，使哥哥章生一主掌的哥窑名扬天下。

其实哥窑所谓的“金丝铁线”来源于一次偶然的失误，精美的开片瓷就是烧制失败的残次品，古人觉得“金丝铁线”是体现大自然鬼斧神工的艺术，于是乎，不但没有嫌弃这种缺陷，反而有意识地去追求这种天然的破碎美学。至于“金丝铁线”究竟是通过怎样的工艺实现的，至今尚无定论。其中一种猜测是，哥窑的工匠将烧制好的开片瓷器取出炉后，还会对它进行艺术加工，那就是将这些“碎纹瓷”在尚未完全冷却之前放入掺有紫金土的浆水中浸泡。经过浸泡，瓷器釉面上的大开片纹就被染成了一条条黑线，而细小的开片裂缝处因为缝隙较小，渗入少量浆水而呈现金丝状。除了纵横交错的“金丝铁线”，哥窑还有“紫口铁足”“聚沫攒珠”、釉质细腻、丰富多彩等特征。“聚沫攒珠”，又俗称“气泡”，因为哥窑瓷器表层的釉比较厚，最厚的地方几乎和瓷胎厚度相等。因此，在烧制中，一层又一层瓷釉会产生一些微小的气泡，那些气泡犹如清晨的露珠一样在光线下时隐时现，这种现象就是人们口中的“聚沫攒珠”。这也是哥窑瓷器特征中十分重要的一点。

“金丝铁线”“紫口铁足”“聚沫攒珠”等哥窑的特点在这件月白牡丹花式小洗身上一一得到了展现。除哥窑给予的特色，这件小洗的花形也格外引人注意——竟然是富贵锦绣的牡丹。唐人对牡丹的热爱几近痴狂。作为雍容华贵的代表，艳丽的牡丹显然与宋人素雅、内敛的审美趣味格格不入。但奇异的是，北宋时世人对于牡丹的喜爱竟不亚于唐代。

宋人张翎在《花经》一书中将牡丹列为等级最高的“一品九命”花卉。《广群芳谱》一书中也记载了宋人对牡丹的推崇之情：“逮宋，惟洛阳之花为天下冠。一时名人高士如邵康节、范尧夫、司马君实、欧阳永叔诸公尤加崇尚，往往见之咏歌。”唐朝时期，长安的牡丹最为著名，到了宋朝，牡丹的种植中心由长安迁移到了洛阳，“洛阳牡丹甲天下”这一美名就是在那时得以确认并广为流传的。

将象征着繁荣、吉祥的牡丹花作为瓷器器形和装饰题材，这何尝不是体现了宋人对牡丹的喜爱，以及他们内心对美好生活的祈盼啊！

钧窑，
纵有家产万贯，不如钧瓷一件

宋人的“盆玩”之乐

在宋瓷踏上历史舞台之前，“南青北白”的瓷器生产格局已基本确立，两宋时期，各大窑口生产的瓷器也始终以青、白瓷为主流。唯有钧瓷，它带着绚丽多变的釉彩横空出世，在非青即白的宋瓷世界开出了一朵朵斑斓如彩虹的鲜花。

“入窑一色，出窑万彩”，一语道出了钧窑的艺术魅力。钧瓷属于人为不可控制的窑变瓷器，即胎体入窑后遇火会产生自然变化。而正是这种变幻莫测，造就了钧瓷绝妙的天然本色。除了精美的造型，钧窑的制胜法宝唯有一个，那就是“釉”。明代高濂在《遵生八笺》一书中提到了钧窑的釉色，说钧州窑“有朱砂红、葱翠青（俗谓莺哥绿）、茄皮紫，红若胭脂，青若葱翠，紫若墨黑……”

钧窑葡萄紫葵花式花盆
北京故宫博物院藏

钧窑的釉色种类十分丰富，在青釉色系的天青釉、天蓝色釉以外，钧窑还烧制出紫黑釉，以及突破了一瓷一色局面的窑变釉“铜红釉”（朱砂红）。这种神秘的“铜红釉”以升腾的烈焰为笔，以自然为色彩，在形态优美的胎体上尽情挥洒着，创作着。涂上一抹红色，再扫过一点紫色，也许会生成一朵瑰丽的红瓣紫芯花朵；捏一片天空的蔚蓝，取一抹彩虹的绚丽，也许会生成红日映照的碧蓝色大海：这些光辉瑰丽的色彩在钧瓷身上交织，融汇成了浑然一体的艺术境界，如流云飞瀑、雾霭漫天、烟光凌空、翠玉生烟……这色彩间的变幻给观者带来视觉上的极致美感，以及心灵上的极度震撼。而正是这种绚丽华美的多色显像风格，表现出瓷器热烈富贵的气象，让钧窑一跃成为五大名窑之一，名垂青史。

北京故宫博物院所藏葡萄紫葵花式花盆正是钧窑中极为珍稀的“窑变釉”。此盆高 18 厘米，口径 26.5 厘米，底径 13.5 厘米。呈六瓣葵花形，广口，口沿向外延伸如厚唇，沿边一道细棱向外突出，深腹壁，上丰下敛。器壁内外随着六瓣葵花花形而或凹陷或突出，线条流畅雅致。底部较平坦，下设五个排水孔，圈足较矮，足圈颇有巧思地制成葵花形，与上部口沿的形状交相辉映。花盆通体施晶莹的葡萄色釉，内壁釉色与外壁不同，呈润泽的天青色，至口沿处又渐变成绚烂的亮紫色，颜色富于变化。花盆胎体较厚，釉层厚而釉色浓烈，釉质乳浊失透，釉色深浅不一，颜色渐变，此器通体施釉至足底，足底部一周釉色平整，可能在入窑烧制前经过人为修正。花盆足底及器底并未露出素胎原色，从颜色来看，似乎涂抹了一层酱褐色的护胎汁。从这几处细节可见钧窑工艺之完美。

花盆厚润的釉面上有细微的开片，由于这些纹路形似蚯蚓过后的痕迹，因此被称为“蚯蚓走泥纹”。这些纹路有长有短，有的为单线，有的纵横交叉，极具特色。细观花盆釉层表面，浮现了许多棕色的小气泡。花盆外壁靠近口沿处有修补过的旧伤痕迹。花盆底部有皇家玉工刻制的“四”字。

那么“窑变釉”是怎么烧制出来的？而花盆盆底的“四”字又是什么意思？要透彻地欣赏钧瓷，解决这些疑惑，首先还要从钧窑的历史背景说起。钧窑自唐朝时期就开始烧制，至宋朝达到鼎盛。陶瓷界流传着“黄金有价钧无价”的说法，钧窑并非仅在现代很珍贵，而是自古以来便是如此。唐玄宗视钧瓷为至宝，为了让后人也能领略其风采，将之传承下去，曾下了一道“钧不随葬”的旨意。而到了宋朝，钧窑因烧出独特的窑变釉色，呈现出绚丽缤纷的色彩，表现出热烈华贵的气象，故受到贵族追捧，被选定为官窑，自此名垂青史。

宋徽宗对钧瓷格外珍视，不仅昭告天下，将钧瓷册封为“神钧宝瓷”，还对钧窑实行了垄断，钦定每年只能生产几十件这种窑变瓷，品相上佳者专供宫廷，其余全部砸碎深埋，严禁窑变瓷在民间流传或私人收藏。所以现在流传下来的每一件宋代钧瓷作品都十分罕见，十分珍稀。

当然，即便每年只生产几十件窑变钧瓷，对钧窑来说，也绝非易事。钧窑“铜红釉”的烧制工艺难度极大，其原料中含有铜氧化物，这种天然的着色剂会随着窑炉温度的高低而

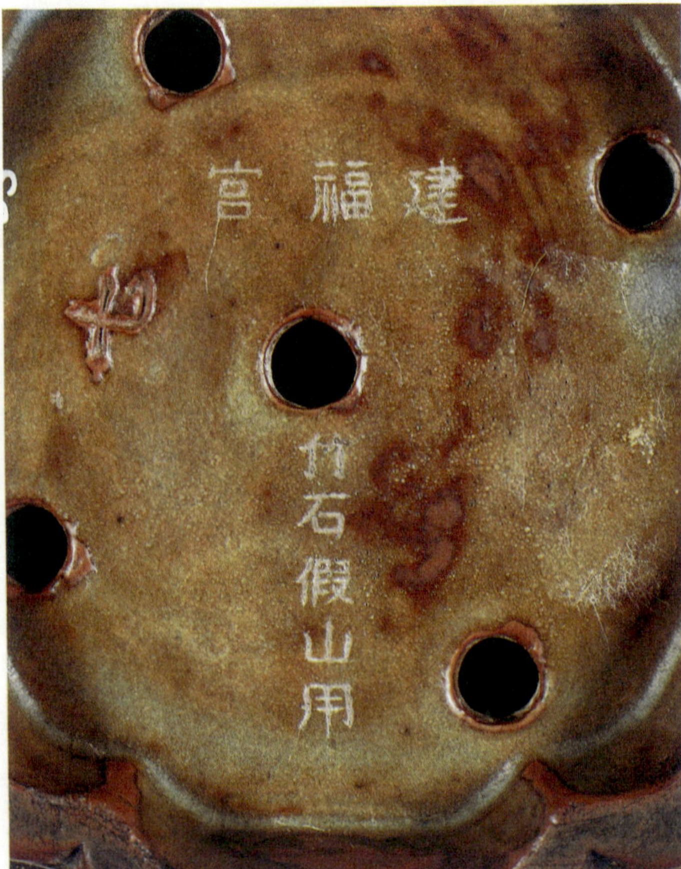

钧窑葡萄紫葵花式花盆底面
北京故宫博物院藏

产生变化，最后呈现出多姿多彩的百变釉色。但是由于宋时的多数窑口采用松木烧窑，窑内温度非人力可把控，因此很难达到均衡。这也就意味着，在烧造过程中，有大批钧瓷成了废品，而烧出上品钧瓷极为艰难。

御供钧窑主要为陈设用瓷以及各类花器。其中最考究的要数造型百变的花器，钧窑的花器有各式各样的花盆，配套的花盆托、花尊等。钧窑的花器在送入宫中后，掌管御瓷的内官会将送来的器物归类，然后对同类器物按大小、规格编号。在编号任务结束后，皇家玉匠会在其底部或圈足一侧精心刻上“一”至“十”的汉语数字。器物编号越小，尺寸越大，如编号“十”是规格最小者。此花盆底刻有“四”字，说明它属于尺寸中等偏大的器型。

作为生活美学的重要组成部分，买花赏玩是古代文人生活中的乐趣之一，除了园林栽种或插于瓶中，盆景也是花卉赏玩的主体。进入唐朝，艺术空前繁荣，受此影响园林造景技法臻于佳境，此方面的技艺和品味也体现在盆景艺术中。不过以“盆池栽植花木”的小型盆景艺术，只有在贵族的庭院中才能看到。

宋时，盆景艺术在文人雅士的推崇下走向巅峰，大文豪苏轼曾在《格物粗谈》中首次提到了“盆景”一词：“芭蕉初发，分种，以油簪横穿其根二眼，则不长大，可做盆景。”

《梦粱录》记载了宋朝盆景艺术盛行的景象：“钱塘门外溜水桥、东西马塍诸圃，皆植怪松异桧，四时奇花，精巧窠儿

（盆景），多为龙蟠凤舞、飞禽走兽之状，每日市于都城，好事者多买之，以备观赏也。”从此话不仅可以看出宋人精湛的盆景制作工艺，还能得知那时的盆玩已经不再是贵族文士的独好，它已走入民间，并广为流行。毕竟作为雅趣的代名词之一，盆景可是宋人“脱俗”的神器，摆于室内可增添雅趣，置在庭院可带来生趣，这样优美的点缀之物谁能不爱呢？

如今，两宋的繁荣花事已成烟云随风飘去，不见其影踪。但钧窑的花器却依然似流云般飞动，若朝霞般璀璨，留下了高雅端庄的造型、淳实丰润的体态，以及蕴光如宝石的色彩。

磁州窑，
黑与白的艺术

充满乡土气息的爆款“黑白瓷”

如果将瓷器比作人物，那么宋代官窑的瓷器就像玉骨冰肌、不染尘埃的仙女，不但生得秀丽，还自带恬静温婉的光环。而来自磁州窑的瓷器更像一个接地气的汉子，简单朴素，浑身弥漫着乡土气息，还带着点雄健浑厚的粗犷劲儿。可就是这样一个来自民间的窑系，在官窑林立、瓷艺荟萃的宋朝硬是开创出了一片新天地，走上了巅峰之路。那么，磁州窑的瓷器究竟有什么样的魅力，得以征服了艺术品味极高的宋人呢？

磁州窑位于今河北省磁县，因在宋代隶属磁州，故取名为磁州窑。早在新石器时代，生活在磁州地区的先民们就凭借着资源的优势开始烧制陶器。北宋中期，磁州窑瓷器步入兴盛时期。

磁州窑白地黑花小口瓶
北京故宫博物院藏

相比宋代的五大官窑，磁州窑最大的特点是面向市井大众，它制造的器具多为碗、碟、瓶、壶、盆等生活用品，不仅实用性强、价格公道，而且造型丰富，兼具美感，所以一经推出，就得到了广大民众的喜爱及推崇。除了物美价廉、种类齐全，磁州窑瓷器的崛起还离不开它富有民间特色的艺术魅力。磁州窑将瓷器工艺和传统书画艺术融合在一起，创造了题材生动、独具艺术气息的全新装饰——白地黑花。

磁州窑白地黑花瓷器坚固耐用，极具生活气息。其线条简练明快，纹饰黑白分明，反差强烈，又带有简朴素雅的审美情趣，流露出奔放的民俗气质，在民间广为流传，成为当时的流行器物。北京故宫博物院藏磁州窑白地黑花小口瓶就是磁州窑白地黑花瓷器中的经典作品，它体现了宋代民窑的独特装饰艺术。

磁州窑瓷壶通体高 35 厘米，口径 5 厘米，足径 11 厘米。瓶小口外撇，短颈，丰肩，鼓腹，平底。瓶口沿边缘有一周凸起浑圆似嘴唇的厚边，颈部饰黑彩，瓶身以白地黑花纹为饰，花卉纹简单抽象，给人以质朴的美感。

观其瓶身，画面虽然稀疏，但是纹饰有大有小，主题鲜明，一目了然。纹饰位于瓶身中央以上，构图简练，寥寥数笔就将图形勾勒得神采飞扬，生动无比。简约优美的纹饰让人产生了无限遐想，具有强烈的艺术感染力。观赏整个白地黑花小口瓷瓶，无一不体现了磁州窑工艺的精巧，堪称磁州窑的佳作。

从晚唐、五代直到近代，磁州窑窑火不息，遗留下来的作品十分丰富。但若说起畅销的，还要数磁州窑的招牌——白地黑花系列产品。而白地黑花这种传统的技法背后有着一个罕为人知的秘密，那就是它的原材料——白化妆土。

因地域局限，古代有些窑口使用的胎土土质较粗，烧制出的胎体颜色也较深。为了使器物能够在塑造时达到表面平滑整洁、胎色变浅的程度，古代的能工巧匠会事先给胎体敷上一层“面膜”——极细的瓷土泥浆，然后再施釉进行烧制。也许是因为这层瓷土泥浆有“美容”的功效，所以古人给它起的名字也格外地贴切，叫作化妆土。宋时，磁州窑对化妆土的应用技术已然达到了炉火纯青的地步。

磁州窑独创的白地黑花装饰技法又称“白釉釉下黑彩”。其工艺流程是先用毛笔蘸上黑色颜料，在施以白色化妆土的瓷胎上绘出各种纹饰图案，然后用工具加以勾勒修整，增加画面的立体感，最后罩上一层透明釉入窑烧造。如果没有白化妆土，那么白地黑花这种技法将不复存在，磁州窑也就无法创造出黑白相映这样强烈的装饰艺术特点，由此可见，白化妆土的发掘功不可没。

除了最为著名的白地黑花，磁州窑还有数十种丰富多彩的装饰技法，如白釉划花、白釉绿斑、白釉剔花，还有令人惊叹的绿釉黑花、绿釉黑剔、珍珠地刻花……磁州窑打破了“南青北白”的单色装饰局限，为中国乃至全世界瓷器的发展做出了不可磨灭的巨大贡献。

磁州窑不仅种类繁多，装饰技法丰富多彩，而且题材内容多姿多彩，除了寓意吉祥的动物之外，还有婴戏之类的人物内容，这些题材都充满了生活气息。此外，磁州窑还有一类特殊的题款瓷器，这类瓷器的共同点是用书、刻、印等技法在瓷器的表面或内里留有姓氏、诗文、吉祥语等各种题款。但令人意想不到的是，磁州窑这类题款瓷的产生竟然与北宋灭亡有着紧密的联系。

金兵入侵后，作为北宋著名的民间瓷系，磁州窑也曾被金兵洗劫一空，出现了波动期。但因磁州窑立足民间，只要有市场，就能保持旺盛的生命力，故在宋金对立时期，磁州窑仍窑火不断。但由于金朝女真人对汉人和汉文化的打压，使得磁州窑工匠的心态无法安宁祥和，并一直被压抑笼罩，心中的悲痛得不到疏解，所以宋金对峙时期，磁州窑的产品一改以前清新自然的装饰风格，出现了许多警句、诗词等文字装饰，如"众中少语，无事早归""忍"等。这类文字不是装饰花纹，而更像是工匠们想要表达的思想，以及诉说的情感。

那么南宋时期，生活在金人统治下的宋人又过着怎么样的生活呢？在宋人所写的《三朝北盟会编》一书中记载道："金人欲剃南民（编者注：原北宋统治区内的汉人）顶发，人人怨愤日思南归。"老百姓不服法令会有怎样的后果？"削发及禁民汉服，不如式者死……"（《大金国志》）北宋灭亡之后，金人在原来的北宋境内实行剃发易服制度，被强制剃掉顶发的宋朝遗民们十分悲愤，想跟着宋高宗去南方。

不过普通老百姓即便想要南行，也只是痴人说梦。南宋绍兴十一年（1141），南宋和金朝结束了多年对战，签订了《绍兴和议》。针对汉人的归属情况约定"南自南，北自北"，即籍贯在南宋境内的汉人为南宋所有，籍贯在金国国土的汉人从此以后便是地地道道的金国子民，即便逃到南方，也要被遣返回去。因为在当时的南宋朝廷看来，身居北方的不是宋人，而是金人。所以失去了故国的宋人不仅被抛弃，还被迫成为敌对方的子民，他们的悲痛可想而知。

虽然磁州窑未被征用为宋朝的官窑，但它的出品始终是北方老百姓的最爱。人们用磁州窑的器物做饭、喝水、洗脸，甚至睡觉也枕着它出产的瓷枕……这些热爱何尝不是对磁州窑最高的赞扬呢？

宋朝的“汪星人”玩具

艺术来源于生活。作为土生土长的民窑，磁州窑的工匠最擅长的就是在日常生活中寻找美，发现美，并将这份美好撷取下来融入器物，进而创造美。于是磁州窑的瓷器少了一分端庄娴静，多了一分生动鲜活。

磁州窑五花八门的动物纹饰，如龙凤、喜鹊、鸳鸯、雁、鹤、鱼、鸭、鹿等，均是百姓喜闻乐见的题材。这些动物装饰器具不仅生动灵巧，还带有鲜明的民间特色。其题材都是百姓们日常所能见到或者熟知的，贴近广大民众生活，流露出盎然的趣味和勃勃的生机。

北宋时期，人民生活富足，磁州窑产品用丰富的动物纹饰来表达民众对美好生活的向往和追求。例如，仙鹤象征着长寿、富贵；鸳鸯象征着忠贞不渝、恩爱有加；鱼的造型表示吉庆有余，鱼跃龙门；鹿是“禄”的谐音，又有高官厚禄和福禄双全的寓意；喜鹊象征着喜事到家等。这种带有吉祥寓意的表达方式同年画、剪纸等其他民间艺术形式不谋而合。

磁州窑白釉黑彩狗形瓷塑
吉林省四平市博物馆藏

磁州窑还生产动物、人物造型的摆件，这些摆件不仅可以放在家中当作精美的陈设物，还有一个特别的用处，那就是可以作为玩具来赏玩。在一众动物瓷玩偶中，最经典的要数磁州窑白釉黑彩狗形瓷塑。细看之下，虽然此瓷塑轮廓已有些模糊，但并不影响观赏小狗的夸张形象。

狗形瓷塑高 9 厘米，作蹲踞状，昂首前视，耳上竖，大口，长颈，胸部较宽厚，前肢粗长。胸前有一绳状脖套，套上系一铃铛。耳间有两绺长毛，披于胸后，腰较细长，尾粗大贴于臀后。红褐色粗砂胎，施灰黄釉。四肢之下为一方形底盘。前膝、眼、腰及胸前之铃铛皆施黑色彩釉。前肢局部微有釉色脱落现象。从外形上看，整件狗形瓷塑线条流畅，造型简洁灵巧，没有采用精雕细琢的复杂工艺，但正是因为如此，才充满了随性美和律动感。

至于为何会出现脱釉的现象，这与磁州窑瓷器表面上那层经过提纯细炼的化妆土有关。磁州窑的瓷器在施釉前均要涂上一层化妆土，瓷器在高温烧制的过程中，釉层和化妆土因受热后膨胀系数不同，会导致最外面的釉层表面产生细微的裂隙。

经过近千年温湿度的变化，加之运输、使用过程中可能发生的碰撞，很多瓷器会出现脱釉的现象，通过脱釉以及脱釉后裸露的化妆土层的新旧来判断一件磁州窑瓷器的新旧比较准确。应该说，两宋时期真正的磁州窑瓷器（尤指那些经过精心烧制的精品）脱釉是极其正常的现象。

纵观磁州窑的瓷塑儿童玩具，它们形式多样，种类齐全，造型上包括狗、羊、兔、牛、车等。如今的北京故宫博物院还珍藏了一件宋代磁州窑白釉绿彩狗，这只小狗外形小巧玲珑，通体呈白釉绿彩装饰，五官灵动，造型夸张，十分可爱。这些富有生气的小狗玩具在一定程度上体现了大宋百姓生活水平的提高。

“玩具”一词正是出自宋朝。《梦粱录》一书中曾记载道：“父祖诰敕、金银七宝玩具、文房书籍、道释经卷、秤、尺、刀、剪、升斗等子、彩缎花朵、官楮钱陌、女工针线，应用物件并儿戏物，却置得周小儿于中座，观其先拈者何物，以为佳谶。”宋时有为孩子举行抓周的习俗，而幼儿抓周所用的物件中就有玩具的身影，这也就为玩具制造行业的发展打下了良好的市场基础。

随着社会经济水平的不断提高，宋代玩具市场也就变得更加发达了。据《东京梦华录》记载，北宋年间，过七夕节时，在都城开封的潘楼街东宋门外瓦子、州西梁门外瓦子、北门外、南朱雀门外街及马行街内，皆出售土泥玩偶“磨喝乐”。玩具在市场上的流行，不但反映了百姓们对美好的物质生活和精神生活的追求，也从侧面体现出宋代玩具制造行业的繁盛。

那么，在众多动物造型当中，狗形摆件玩具为什么能够脱颖而出呢？其实，狗形摆件玩具在民间的大受欢迎恰恰反映出了宋代的养狗风气。俗语有“狗狗汪，家兴盛”的说法。宋朝时期，养狗已经蔚然成风，极为常见，贵族之家多饲养名贵的宠物狗。

洪迈《夷坚志》中记载了宋人对宠物狗的珍爱。宋时有个富人叫员琦，他养了一只黑身白足的宠物狗，这只名叫银蹄的小狗不但随叫随到，还有作揖跪拜的本领，十分机灵，颇得主人家的喜爱。一日，银蹄不慎丢失，员琦百般寻找都不见它的踪影。无奈之下，员琦贴了张寻狗启事，并许重金以求大家帮助他寻回爱犬。除了丰富生活、愉悦身心，宋人养狗主要是为了防盗，或者用于狩猎。

宋代的村庄里，几乎家家户户都养狗。《宋史·孝义传》一书中记载江州德安陈昉：“家十三世同居……有犬百余，亦置一槽共食，一犬不至，群犬亦皆不食。”赵万年在《襄阳守城录》中也记载了宋人大量养狗的事实：“各家所养之犬，在城外百十为群，有数千只，每遇夜出兵攻劫虏人营寨，则群犬争吠。”这些庞大的数字背后承载的都是宋人对狗的喜爱。

磁州窑的工匠用娴熟的技艺将一只只生动活泼的动物、一个个民众熟悉的生活场景搬到了瓷器上。于是磁州窑的器物多了一分鲜活，多了一丝随性，而这些无不体现了宋人对生活的礼赞。

耀州窑，民窑中的“战斗机”

抱香枝头的“延寿客”花盏

说起古人对菊花的喜爱，最著名的莫过于晋代陶渊明的“采菊东篱下，悠然见南山”。但那时的菊花潮流只局限于隐逸者这个特殊群体，菊花真正成为一种文化象征，并和梅、兰、竹这三位“君子”成为主流审美是在宋朝。

宋人爱菊花表现在各个方面。有的著文写诗歌颂吟咏，有的挥毫泼墨摹状勾画。贵族阶级使用金银器、漆器等珍贵材料呈现菊花风姿，陈设于高阁之上静静欣赏；文人墨客和广大百姓则采买具有菊花纹饰的陶瓷日用品，在生活起居中细细体味。

宋徽宗曾在《宣和宫词》里写道：“十花金盏劝仙娥，乘兴追欢酒量过。”“十花金盏”，虚指种类繁多的花形金盏。可

耀州窑青瓷印花菊花纹茶盏
台北故宫博物院藏

以看出，这些以花卉做装饰图案的器具已然在宋代贵族阶级中流行起来。除了酒局，文人的茶局更为讲究，即便没有华贵的金银器，也总得有一款花纹装饰的茶盏来彰显品味。而用代表着君子含义的菊花盏来饮茶最有妙趣。

菊花盏，顾名思义，即以菊花为装饰图案烧制成的一种瓷器。菊花盏流行于宋朝，是众多花盏中最常见的一种样式。现藏于台北故宫博物院的耀州窑青瓷印花菊花纹茶盏，高 4.2 厘米，口径 11 厘米，足径 3.1 厘米。盏口微微向外撇，盏壁呈深弧形，盏底部稍稍凸起，圈足较浅。整体来看，口大足小，呈倒置的斗笠形。此盏胎体薄透，入手轻巧，器内壁装饰着六

耀州窑青瓷印花菊花纹茶盏俯瞰图
台北故宫博物院藏

朵缠枝菊纹，花朵硕大繁茂。盏心用模印工艺，印有舒展的菊瓣花纹。

盏外壁与满布纹饰的内壁截然不同，竟一派光滑素净，无一纹饰。但细看之下，可见拉坯遗留下的痕迹，足见釉层之薄。盏内外近口沿处均饰有一条浅划的弦纹。全器通身青绿，釉绿中微微闪黄，釉色清透，富有莹润的光泽。

细察之下，纯净的釉内满布大小不一、闪着光亮的气泡。印纹凹陷处由于积釉颜色较深，呈翠绿色，那抹翠色仿佛随时都会流下来，为纹饰增添了一分绚丽的色彩美与立体美。因此盏采用叠烧法烧制，故足端未经施釉，呈褐色，微微露出灰白色素胎。此盏器形优美，造型周正，线条简洁，印花纹饰清晰可见，且极具艺术气息，是耀州窑的经典佳作。

耀州窑，创烧于隋唐，五代时期工艺走向成熟，至北宋末年达到鼎盛。耀州窑的窑口地址在如今的陕西省铜川市黄堡镇，此地在唐宋时期属耀州治下，所以得名“耀州窑”。耀州窑并非一个窑口，而是以黄堡镇为中心向外辐射，形成了包括陈炉镇、立地坡、上店及玉华宫等附近窑口在内的绵延百里的本土窑系。

此外，耀州窑以不凡的烧造工艺和装饰技法，对全国各地的窑厂产生了巨大影响，除陕西境内的大小窑口纷纷仿烧之外，它的技艺还广泛地流传到了河南宜阳窑、宝丰窑，传播到了广东西村窑、广西永福窑等多个省外窑厂。这些窑口的瓷制品与耀州窑的作品极其相似，仅因为地域限制，原材料有差别，所以最后的呈色有细微不同。至此，窑口遍布大江南北的耀州窑系正式确立，而耀州窑带着它引以为傲的青瓷，光荣地登上了后世所谓“宋代六大窑系”的榜单。

宋代，耀州窑以烧制青瓷为主，是北方青瓷的翘楚。《宋史·地理志》中明确地记载了“耀州贡瓷器”；宋人王存在其著作《元丰九域志》中提到耀州华原郡感德军节度“土贡瓷器五十事”。此外，《续资治通鉴长编》一书中还描述了宋哲宗元祐八年（1093）“遣子弟载陶器四车入京贸易”的情景。

以上几处记载和现代出土的耀州窑“官”字款残片均表明了一个不争的事实，那就是耀州窑在宋朝，甚至更早的五代时期，就已经得到了朝廷认证，成为官用窑场之一。宋时的耀州窑青瓷不仅占据了广阔的国内市场，其产品还远渡重洋，源源不断地输入世界各地，不仅为国家间的友好往来以及中西方文化交流做出了贡献，还在世界陶瓷发展史上产生了深远影响。

从耀州窑青瓷印花菊花纹茶盏一物来看耀州窑的青瓷，就不难察觉耀州青瓷的魅力来源于其釉色和装饰技艺的完美融合。

五代时期，耀州窑以烧青瓷为主，出现了黑、白两种瓷胎。黑胎器的青釉呈湖绿、湖蓝、微灰湖青、天青几种色调；白胎器的青釉多是淡青、淡天青、粉青几种色调，少数为湖青和湖绿色。两种胎的青釉质地都很精细，釉层均匀，透明度适中，具有较好的温润性。与其后的宋代相比，则又具有釉色色调丰富多样而欠缺稳定性的特点。

入宋以后，经过长期的探索和钻研，耀州窑的青瓷工艺实现了质的飞跃，此时的耀州瓷青釉釉质精细清透，有玻璃质感，十分纯净；其釉面匀净光润，虽薄，但十分坚硬；其釉色色泽青幽，色调青绿似橄榄，釉薄处色调较浅，呈青黄色，具有精比琢玉的美感。北宋末年至南宋后，耀州窑又开创了青绿、青黄、淡青、月白、暗青等多种色调。

宋代爱国诗人陆游曾在《老学庵笔记》中提到："耀州出青瓷器，谓之越器，似以其类余姚县秘色也。"陆游认为耀州窑的这种橄榄青色与唐五代时期的越窑"秘色"极为相似，所以宋时耀州青瓷又有类越窑秘色之称。

耀州窑青瓷印花菊花纹茶盏运用了典型的耀州窑装饰技法——印花，除印花这种结构严谨、对称均衡的装饰外，耀州窑还有刻花、划花及摹印后再进行刻画修整等方法。

宋时，因市场需求，耀州窑生产了大批茶器，有茶盏、茶末盒、茶托、茶瓶等，除青釉外，还有酱釉、黑釉的茶器，釉色丰富，耀州窑青瓷印花菊花纹茶盏就是其茶器中的精品。

文人爱菊花的品质，百姓则爱它的吉祥寓意。《事林广记·庚集》中记载菊花有“延寿客”的美称。正是因为这个好彩头，菊花格外为人们所喜爱。南宋时期吴自牧撰写的《梦粱录》里也明确记载了宋人爱菊这一事实：“今世人以菊花、茱萸为然，浮于酒饮之，盖茱萸名‘辟邪翁’，菊花为‘延寿客’。”在宋人眼中，菊花抱香枝头，片花不落，寄寓了人们对延年益寿的向往之情。

周密在《武林旧事》一书中还提到了菊花的另一个妙用，在重阳节这天，家家户户除了饮菊花酒外，还要在发间簪戴一朵黄菊，那时似乎宋朝的天地间都弥漫着一股幽香。

孟元老的《东京梦华录》记载了北宋汴京的赏菊习俗，还提到了宋代的名菊，如黄白色蕊若莲房的万龄菊、粉红色的桃花菊、黄圆花瓣的金铃菊、花朵硕大纯白的喜容菊等。

“山林好事者，或以菊比君子。”“君子”当然是宋人爱菊的原因之一，但除了这个寓意，于黄叶漫天之际，凌霜独放的菊花还流露出一种淡泊的诗意，焕发着“傲睨风露”的光辉。它的色彩是如此明快鲜艳，可它象征的品质又是如此谦虚淡然。这样的菊花怎能不让人爱？这样的菊花纹茶盏又怎能不让人喜？

“跑”到瓷器上的祥云

自一抹青绿被古人成功地“糅”进瓷器而诞生了青瓷后，这抹如春水般纯粹的色彩便在文人雅士的心头缭绕，种下了一份难以诉说的情愫。

北宋时期，烧制青瓷的窑口遍布全国，南方的青瓷以淡雅婉约为美，有隽永的意味。而北方青瓷以潇洒豪放而闻名，有豁达之风。

虽然来自陕西的耀州窑名声不及五大名窑显赫，出产的器具也算不得璀璨夺目。但穿过历史长河，即便满身尘埃，它依然闪耀着不朽的光辉，向世人证明着它独特的美，它精湛的工艺，以及它作为宋朝北方青瓷代表的身份。

唐朝茶学家陆羽曾在其专著《茶经》中品评道：“（茶）碗，越州上，鼎州（即耀州）次，婺州次，岳州次，寿州、共州次……”

耀州窑水波三鱼纹碗
北京故宫博物院藏

由此看来，耀州的茶具是茶圣心目中绝佳的配茶佳具，其质量仅次于当时最出名的越窑。

耀州窑水波三鱼纹碗就是宋代耀州青瓷中典型的器具之一。

此碗外形似倒扣的斗笠状，广口圆唇，深腹弧壁，线条极其流畅。平底浅圈足，足底无釉露胎。瓷器胎体均匀轻薄，里外施通透如玉般的青釉，釉色光润亮泽。除此之外，此碗最精巧的地方还要数碗内雕刻的三条鱼。在耀州窑工匠的手中，三条游鱼穿梭在翻滚的波浪中，让整个器物充满了生气，呈现出强烈的飞动之感。而这简洁大方、轻快丰满的曲线显露出耀州窑绝妙的装饰工艺。宋代耀州瓷的装饰工艺丰富多样，有划花、印花、捏塑、戳花、剔花、刻花、贴花等。而在众多装饰手法中，最具特色的便是其刻花工艺。

从严格意义上说，宋代耀州窑的刻画工艺是以刻花为主，又融合了划花、剔花技艺，从而形成的一种新型的刻花装饰手法。

这种新工艺的具体操作步骤如下：首先在已经成型的坯体上用直刀深刻出装饰纹样的轮廓，接着在已有的轮廓外部，用斜刀广削的技法，将纹样以外的坯泥一一剔除，使纹样凸显出来。这种刻花纹饰不仅没有雕刻的呆滞感，还多了几分锐利洒脱的动感和强烈的立体感，最为重要的是省时省力，提高了制瓷效率。这种能产生“浮雕”效果的雕刻技法被业界赞誉为“半刀泥”。

在完成前两步的主体工艺后，耀州窑的工匠还会为已具雏形的刻花纹饰精心勾画细部。如此一来，粗犷的花纹又增添了一分精巧之美。将流动的釉液施在雕琢好的瓷胎上，那饱满的釉汁顺着起伏不平的器表奔腾流淌，遇到凹陷处，釉色堆积成幽深的橄榄青绿；碰到凸起处，一瞬而过，釉色分散成淡淡的姜黄色。深浅不一的色调让器物的层次更为明显，

耀州窑水波三鱼纹碗俯瞰图
北京故宫博物院藏

让花纹更具立体感。一件完美的耀州瓷就这样在工匠灵巧的双手下，在大自然赋予的泥土与烈火中诞生了。

豪迈的刻花手法与典雅清透的釉色，这绝美的搭配令耀州窑一举摘得宋代刻花青瓷的桂冠。耀州窑云纹碗除了工艺之美，还可见纹饰之美。

耀州窑的纹样繁多却不杂乱，层次鲜明。其图案大多取材自然，植物类有莲花、菊花、缠枝牡丹、花叶纹等，动物类有龙、凤、鱼、鸭、仙鹤等，除此还有风、流云、水波、山、石等天然事物。其纹样风格处于写实和写意之间，既有充满生机的繁茂美，又别有一番韵致，引人遐想。当然，器物上的装饰大多是由几个纹样结合起来构图，耀州窑云纹碗中不仅有各色云纹，还辅以花卉，这样组合出的画面不仅具有变幻美和结构美，往往还带有深层的吉祥寓意。这件水波三鱼纹碗中灵动的游鱼，是不是也有企求“连年有余（鱼）”的美好愿望呢？

两宋时期，无论朝堂还是民间，都有拜神风俗。而窑工们也有自己的信仰，因陶瓷的原料都来自大山，故他们在采陶土、烧窑时，常常要供奉山神祈求保佑。长此以往，山神又多了一层窑神的身份。耀州窑系的中心黄堡镇一地曾有一座名为紫极宫的山神庙，即窑神庙。北宋熙宁年间，宋神宗应耀州知州的上奏，将黄堡的窑神册封为德应侯。

德应侯庙里的德应侯碑是我国迄今发现最早的窑神碑，也是唯一一块被皇帝御敕封号的窑神碑。德应侯碑立于北宋元丰七年（1084），除详细记述了窑神封侯立碑一事外，碑文还详述了耀州窑的发展史、制瓷、烧成的工艺技术以及黄堡镇的自然环境、居民的从业结构、陶业的生产方式、生产关系等方面的内容，是研究耀州窑和中国陶瓷史的重要学术资料。

宋人独爱青色，爱它源于自然的纯粹，爱它玄之又玄的韵味，于是他们将对这抹青绿的热爱赋予在随处可见的瓷器上。来自北方民间的耀州青瓷便在这层青绿之上，以刀代笔，刻下了北地水土的独特风光，那明媚的春光、缤纷的草木、栩栩如生的人物都在诉说着耀州窑人对生命的尊崇和对自然的热爱。

景德镇窑，一路飙红的网红瓷器

用酒具插花的潮流

“爆竹声中一岁除，春风送暖入屠苏。千门万户曈曈日，总把新桃换旧符。”宋人的春节不仅年味浓厚，还有满满的仪式感。除了吃饺子、燃放爆竹、贴对联，他们还要欢聚一堂，一起饮宴狂欢。而聚会自然少不了美酒相伴，觥筹交错间，形形色色的精美酒器也为宴会增添了几分热烈的节日氛围。

宋代的酒器按功用可分为饮酒器、温酒器和盛酒器。盛酒器是专门用来盛放酒水的器具，宋代的盛酒器大多为陶瓷材质，造型除延续古风之外，还多了一分雅致。在千姿百态的盛酒器中，最别致精美的还要数“大高个”——梅瓶。

现藏于北京故宫博物院的景德镇窑青白釉刻花梅瓶是梅瓶中罕见的艺术珍品。此瓶通体高 31.7 厘米，口径 4.6 厘

景德镇窑青白釉刻花梅瓶
北京故宫博物院藏

米，足径 9.6 厘米，体形硕大，保存完好。瓶直口，口径不大，短颈溜肩，自肩部以下渐瘦，圈足。远远看去，瓶体修长挺拔、姿态优美、造型娟秀，犹如亭亭玉立的少女。

细察其玉质般的“肌肤”，便会发现，瓶身肩部及足底上部各有凸出的弦纹两道，瓶口处装饰着一道弦纹。而瓶身满刻精细秀美的旋涡纹。清晰的纹饰、简洁的线条，使得瓶身的层次感更加分明，给人一种繁简有序的淡雅之意。

整瓶里外施景德镇窑的典型釉色——青白釉，积釉处呈现出犹如春水般的青绿色，釉面开细碎透明的浅色片纹，足底无釉露出素底，极具古朴典雅之风。

关于梅瓶的由来还流传着一个故事。据说，有人特意在民间寻到了一个别具一格的储酒瓶，献到宋徽宗面前。宋徽宗看到此瓶后，顿感新奇，只见此瓶口小，脖子短，但偏偏还有个“大肚子”，不禁有些令人发笑。细察之下，这瓶的整体线条十分流畅，曲线毕露，体态优美，于是对这个怪模怪样的瓶子心生喜欢。

恰巧这时，他看到了书案上有数枝梅花，便随手取来一枝插进了这个储酒瓶中，并打趣道：“比之酒器，它啊……更像个花瓶。”后来，不知为何，这一句玩笑话从宫中流传出去，为人们所熟知。于是，因插花而得名的“梅瓶”便这样诞生了。

其实，梅瓶的雏形在唐朝时期就已经出现了，但与后世自带“S”形曲线的梅瓶造型还有一定差异。到了宋朝，因为有宋徽宗这位大腕做“推广大使”，梅瓶可以说是一夜成名。虽然梅瓶是正宗的酒具，但是时髦的宋人还是偶尔会在它口中插上一枝梅花，以此来追赶时代的潮流。也正是因为如此，考古学者一度被误导，将梅瓶认作插花的花器。由此可以看出，即便是寻常的酒器，宋人也要赋予它万千的美好和风雅。

不过梅瓶只是后人赋予它的雅称，宋时，梅瓶被称为“经瓶”“酒经”。南宋赵德麟在《侯鲭录》中描述“酒经”一瓶的形制时说道：“陶人之为器，有‘酒经’焉，晋安人盛酒以瓦壶，其制小颈，环口，修腹，受一斗。”从这些典型的外形来看，“酒经”就是现今的梅瓶。

宋朝延续了汉唐以来由经筵官为皇帝讲论经史的传统制度。而经瓶就是放在御前讲席上，皇帝用来款待自己经史老师时所用的酒瓶。

从景德镇窑青白釉刻花梅瓶可以看出，景德镇瓷器的美不仅在它的纹饰上，还呈现在它别出心裁的釉色上。景德镇窑位列宋代六大窑系之一。但它并非一个专有的窑口，而是由数个窑口组成。据《陶记略》一书记载，景德镇窑可追溯至南朝，唐代开始烧制白瓷，但景德镇在那时还叫昌南镇。北宋时期，昌南镇所辖的窑口向宫廷进献御用瓷器，在宋真宗景德年间得到了皇室的赞赏。为表荣耀，昌南镇自此改名为景德镇。此外，北宋朝廷还派遣了专属的官员监管瓷器的烧制事宜。

五代时期，景德镇窑跟着瓷界风向，烧制青瓷和白瓷，但这一时期，它出产的作品釉色普通，且质感粗糙，并未引起轰动。宋时，景德镇窑将青、白釉色相融合，研制出一种青中微微泛有白色、白中又略透青色的独特釉色。用这种釉色烧制出的青白瓷，不但釉色如青天般幽静，还能呈现出类似青白玉的透明质感，给人以清新爽朗的观感。

景德镇青白釉瓷器，胎体轻薄，釉质莹润如水，透光度极好。若将瓷器置于光线之下，瓷胎上的刻花、印花在光的映照下，可内外映见。所以青白釉瓷器又有“影青”之称。景德镇窑凭借其独特的“影青瓷”，开始在竞争极为激烈的宋代瓷器界崭露头角，并赢得了一席之地。

北宋靖康之变后，大批北方制瓷工匠随着宋室南迁，定窑的工匠为景德镇窑带来了新技术和新风向。景德镇仿制定窑瓷器时烧制出了纯白中映粉的“粉定”。

到了元代，景德镇窑凭借其青花、釉里红、红釉等独特的品种，一跃成为全国的制瓷中心。明清时期，景德镇窑因官方的扶持和帝王的赞赏而获得了空前发展，它的产品光花色就有五彩、素三彩、粉彩、珐琅彩、窑变釉、广彩等数十种，而景德镇窑也凭借绚丽多彩的釉色、精美细致的纹饰，以及精良的品质，在海内外掀起了景德镇瓷器的购买浪潮。到了现代，景德镇“瓷都”的名号已名扬天下，享誉世界。

直到今天，这座因瓷器而命名、兴旺，而后获得新生的城市依然坚定地走在继承发扬传统工艺、发展新品类的探索之路上。

宋人的避暑“神器”

“久夏天难暮，纱橱正午时。忘机堪昼寝，一枕最幽宜。”烈日炎炎，当我们坐在空调房里享受清凉时，千年前的古人则躺在纳凉“神器”瓷枕上，度过惬意美好的时光。

从现有的古籍以及考古材料来看，早在战国时期，就已有陶质枕具。而瓷枕的历史最早可以追溯到隋代。唐五代时期，南北地区各大窑场均有烧制瓷枕，但瓷枕的风格大体相近，长方形是主流形制，而且那时的瓷枕不光是寝具，还可以用作中医号脉的脉枕。

两宋时期，瓷枕迎来了它的鼎盛时期，不仅体形在前代的基础上增大了不少，而且造型丰富了不少，出现了如八角形、银锭形、叶形、扇形、美人形、花形等数十种形状。在装饰技法方面也突飞猛进，出现了更为复杂的刻、印、堆塑、划、剔等装饰手法，多样化的装饰技法极大地增强了瓷枕的艺术感染力。

景德镇窑青白釉双狮枕
北京故宫博物院藏

宋时，以河北定窑、磁州窑和江西景德镇等窑口生产的瓷枕最为著名，此时的瓷枕品种多彩多样，十分丰富，就釉色而言有黑釉、青釉、白釉剔花、白釉黑花、青白釉、绿釉、三彩等。李清照在《醉花阴》一词中写道："佳节又重阳，玉枕纱厨，半夜凉初透。"词中的玉枕并不是指玉石制作的枕头，而是指色质如青玉一样的青白瓷枕。说到青白瓷枕，就不得不提到宋朝景德镇窑的传世名作——景德镇窑青白釉双狮枕。

景德镇窑青白釉双狮枕分为三层，上部枕面呈如意形，刻有缠枝莲花纹饰，由两侧向中心凹陷；中部雕塑着双狮滚抱戏耍的纹饰，惟妙惟肖。从豪放流畅的刻画线条来看，狮纹并不华丽繁复，反而以简化为主，这就证明景德镇窑的刻花工艺不求形态逼真，而主要抓住物象的灵动神韵。枕头最下部为腰圆形枕座，底部为无釉厚胎。除了底部外，全枕均施青白釉，釉色匀净淡雅，釉质若青白玉般凝润有光泽。

远远望去，整个瓷枕呈莹润的青白色，枕面上的如意形状仿佛一片盛夏池塘中的葱郁荷叶，捎来了丝丝凉意，又如一泓清澈的泉水，滋润着心尖。

工匠巧妙地将狮子和瓷枕结合成为一体，造型别具一格，不仅为整件器物平添了一份美感，还充分体现了宋代瓷枕制造的工艺水平。

两宋时期的瓷枕，尤其工艺比较复杂的，如各种人物、动物形枕，大多采用雕塑成型的方法制作而成。先将瓷泥制作成模型，然后将模型翻制成模具，再利用模具翻制枕坯，再加上枕面或枕底，修整、施釉后入窑烧制。这样的方法省时省力，最大限度地提高了生产效率，批量投产的同时，也能保证优质。这件青白釉双狮枕就是用雕塑成型法制造的。

那么为何要将瓷枕制作成狮子的造型呢？这与狮子纹样象征的寓意有关。狮子作为我国装饰的常见纹样，最早出现在东汉。由于此时作为“外来户”的狮子形象在国内的传播比较小众，人们对狮子的了解来源于西亚传来的狮子图本，所以当时的狮子纹样融入了想象的因素，比如，有的狮子身上还长有一对翅膀。

唐朝时期，狮子和龙一样，成为统治者的专属身份象征。别说一般人，就连亲王和公主这个级别的贵族，陵墓都不“配”使用石狮。除了镇守陵墓，魏晋南北朝时期，石狮还出现在佛教寺庙外。

到了宋朝，狮子从帝王家“跑”到了民间，也从陵墓守卫变成了驱邪禳灾的镇宅神兽，只要有经济实力，家家户户门口都可以摆上一对威风凛凛的石狮子用来镇宅保佑平安。与此同时，石狮从原来的威武强悍慢慢转变为温顺活泼的亲民形象。

南宋时期，狮子纹样变得更加世俗化，不仅外表轮廓与真狮子毫无二致，甚至添加了如铃铛、彩球、项圈等装饰品。从民俗心理上看，宋代景德镇窑青白釉双狮枕寄寓着宋人避邪除害的信仰和追求幸福生活的理想。

瓷枕不但是宋人必备的日常用品，还可以当作礼物互相赠送。苏门四学士之一的张耒曾在《谢黄师是惠碧瓷枕》一诗中写道："巩人作枕坚且青，故人赠我消炎蒸。持之入室凉风生，脑寒发冷泥丸惊。"友人送给张耒一个瓷枕用来消暑，张耒特意写诗一首，说了说瓷枕的使用感受："你瞧，我刚把瓷枕拿进房间，就感觉凉风拂面，全身立刻清爽了不少。"

不过，瓷枕可不是宋人消夏的唯一利器，黄庭坚在《和李文伯暑时五首》中，曾一口气歌咏了五种夏日必备消暑"神器"：扇、麈尾、石枕、蕲簟、葛幮。石枕与瓷枕相似，蕲簟是竹制的凉席，麈尾是形状有些像树叶的拂具，葛幮则是古代版的蚊帐。

千年时光，一瞬而过。作为历史特定时期的产物，瓷枕清凉怡身的实用价值已然逐步消失。但无须悲哀，更不必感慨，因为它所蕴含的艺术美感和历史底蕴随着岁月而慢慢地沉淀了下来，至今仍然令人惊叹。

宋人的“美妆神器”——爆款小瓷盒

“照花前后镜，花面交相映。”无论古今，对于女人来说，一个完美的梳妆台都是必不可少的。

一幅《靓妆仕女图》为我们再现了宋代仕女对镜梳妆的情景，也让我们看到，原来宋代美女的梳妆台上也挤满了瓶瓶罐罐。

而在这众多化妆用具中，有一款精致的小盒子格外惹眼。这个小物件又有什么妙用呢？

古人将有底有盖、可以开合的盛物器皿叫作盒子，也写作“合子”。作为古代常见的生活用品，盒子的造型十分丰富，有圆形、八角形，还有果形、瓜形、花形等。按用途又可以分为粉盒、油盒、香盒、药盒，以及梳妆用的奁盒……

若想区分盒子的用途，看盒子的口沿处即可，若为

景德镇窑青白釉印花菊瓣式盒
台北故宫博物院藏

一大一小的盖盒，嵌入式的子母口，那么这类盒子是为了盛放固体类物品而准备的，而内收短口的盒子则大多用来盛放液体，比如油类等。从《靓妆仕女图》中小盒所放之处和口沿来看，画中这款圆形盒子应是用来盛放脂粉的。

宋人不好奢华，钟情淡雅，对生活品质有着执着的追求，

景德镇窑青白釉印花菊瓣式盒底面
台北故宫博物院藏

所以即便是一个小小的粉盒，也要讲究美感。两宋时期，虽然市场上瓷粉盒琳琅满目，各式各样，但最热销的还要数景德镇窑生产的瓷粉盒。生产瓷粉盒的窑口成百上千，为何独有景德镇的产品赢得了宋代消费者的青睐呢？或许我们在台北故宫博物院收藏的这件景德镇窑青白釉印花菊瓣式盒身上能找到答案。

景德镇窑青白釉印花菊瓣式盒通体高 8 厘米，口径 13.2 厘米，底径 9.8 厘米。此盒呈菊瓣式，直口，矮圈足。盒盖与盒身为子母口，盒身和盒盖作二十四瓣菊瓣状，盖顶下凹，中心处贴有一小段枝梗，器底平整，造型精巧别致，是两宋时期景德镇窑瓷粉盒中最常见的经典款式。

除优美的外形之外，这件菊瓣式盒最大的闪光点就是宋时景德镇窑最典型的青白釉工艺。盒内外施莹润的青白釉色，口缘和底部无釉，露出洁白的胎体。整器胎骨轻盈，釉层细薄，釉质犹如细腻温润的玉石。细看之下，这柔和的白色中还泛有淡淡的水青色。若将此器放于阳光之下，透过光线可观赏到其隐现的瓷骨，令人惊艳。盒子外底印有“段家盒子记”的竖排版阳文。

此器小巧玲珑，古朴雅致，极富生活情趣，让人爱不释手。宋朝袁褧在《枫窗小牍》中记载道：“汴京闺阁妆抹凡数变：崇宁间，少尝记忆，作大鬓方额；政宣之际，又尚急把垂肩……”两宋时期，经济繁荣，社会富足，民众生活情趣大增，不但贵族女性爱化妆，就连民间女性的化妆风气也十分浓厚，而且宋人的妆饰总是常变常新。“宣和以后，多梳云尖巧额，鬓撑金凤，小家至为剪纸衬发。膏沐芳香，花靴弓履，穷极金翠。一袜一领，费至千钱。”即便一掷千金，也要为美丽投资，宋代女性对美的执着令人惊叹。

瓷粉盒除了盛放胭脂、香粉外，在宋代，还可作为新娘出嫁的陪嫁用品、见证男女爱情的信物，当然还可以用它来送礼。一来女人舍得为化妆用具投资，二来瓷粉盒的用处有很多。于是乎，一时间，这些小小的盒子成为宋代女人的“美妆神器”、家家户户的必备之物。而正因庞大的市场需求，宋代粉盒不仅产量大，品种样式也十分丰富，各大窑口的盒子都极具特色。而为了抢占市场，在激烈的竞争中脱颖而出，景德镇的一些窑口甚至开辟出了专门制作盒子的生产线。而为了“打广告”宣传自己的产品，一些家族作坊开始走“品牌”路线，他们将各自作坊的名称标记在青白瓷盒上，销往全国乃至世界。

从如今留存的景德镇青白瓷盒来分析，这些盒子的标记款式大致相同，均为“× 家合子记”阳文竖排款。目前发现的景德镇瓷盒制作商有段、程、张、余、蔡、吴、徐、陈、潘家等。当然，景德镇瓷盒的热销除了宣传力度广、名声响亮之外，最重要的还是它物美价廉。

两宋时期，相对于昂贵的金、银、玉、漆料来说，平价的瓷盒对消费者的经济实力要求较低。宋人有崇尚玉器、佩戴玉饰之风，但玉器不仅贵重，而且产量极低。于是素来有“假玉器”之称的影青瓷就成为玉器最佳的平价替代品，并迅速成为人们竞相选用的物品。何况景德镇窑出产的青白瓷粉盒不但质量上乘，釉色如冰似玉般剔透，在造型和装饰上的设计也别出心裁，审美品味极高。这样完美的小瓷盒，谁不想拥有呢？静静地欣赏着灵巧玉润的瓷盒，脑海中不由得浮现出一位佳人端坐在镜子前细画蛾眉、轻点朱唇的场景。

怡然自得的观音坐像

作为中国神谱中最受信仰者膜拜的神祇之一，历代的观音造像无论是在数量、工艺品种上，还是技艺手法、造型形象上都极为丰富。不同朝代的观音像不仅打上了各个时代的审美和工艺水平的烙印，还反映出了当时的政治环境、经济程度和文化生活，具有鲜明的时代特征。如唐代综合国力强盛，对外交流繁荣，这一时期的观音像造型富丽、体态丰腴，雕刻笔法豪壮，装饰绚丽多彩，十分华贵。

宋代的观音像在继承唐代的基础上，得到了迅速的发展。这一时期，在南方地区出现了大量瓷质佛像。此时的观音像不再拘泥于已有的固定造型，无论是在姿态神情上，还是服装纹饰上，都有所创新。与唐代观音造像男、女相并行的情况不同，两宋时期的观音更趋向具有女性的婉约之美，流露出少女秀美清纯的气韵。在两宋一众窑口中，景德镇窑系所烧造的青白瓷观音像历来被称赞有加，艺术水平极高。从这尊景德镇窑影青观音坐像便可见一斑。

景德镇窑影青观音坐像
常州博物馆藏

这尊景德镇窑影青观音坐像出土于常州市委人防工程宋井内，现珍藏在常州博物馆，是国家一级文物。此像通高25.4 厘米，底座长 10.9 厘米、宽 6.5 厘米。观音身体端坐于镂孔山石宝座上，双足自然下垂于石阶之上，双臂自然搭于膝上，双手做结印状。宝座中央有一精美的莲花形插座，左右分列着一只小鸟和一个净瓶。

观音头戴佛冠，外披广袖通肩大衣，内穿覆肩掩腋僧衣，衣褶质实而流畅。胸前佩饰串珠璎珞，两侧环披着飘带，双手手腕各戴一珠钏，衣着端庄，仪表大方。再看其面相，天庭饱满，两腮圆润，丰腴的外表下流露出自在安详的气韵。细品这尊观音坐像的五官，只见其两道淡月似的弯眉下，眼神微定，凝视着远方，神情慈穆。鼻若悬胆，双唇微抿，略带笑意，两耳长垂，十分秀美。

整尊观音像用不同色彩着色，层次鲜明。观音所披大衣和所坐石崖施青白釉，釉质匀净薄润，器物表面积釉处青如春水，有细碎的冰裂纹隐现，其余部分均为涩胎（经高温烧成的未施釉的瓷胎），分别施以乳白、肉色、橘黄、酱褐、灰黄等不同颜色，于淡雅中平添一分端丽，亦使器物轮廓更为清晰明朗。

景德镇窑影青观音坐像面部特写
常州博物馆藏

精细的雕塑、鲜润的色泽、细腻的胎质、庄严典雅的造型、平畅流丽的线条、慈祥宁静的神态，无不彰显着景德镇窑工匠的高超技艺和独具匠心。这尊景德镇窑影青观音坐像将宋人的素雅与景德镇瓷器的光润、佛家的清净完美地融合在了一起，带来了极致的美感，是青白瓷中的罕见之作。

从景德镇窑影青观音坐像可以看出，到了宋朝，前朝佛像中那种正襟危坐的严肃姿态已经被怡然自得的坐卧姿态取而代之了。这也证明着宋代的观音在神佛这层神秘莫测的光环下，有了人性化的一面。

艺术来源于生活，这尊观音坐像身上的服饰也映照出了当时女性的穿着风俗。宋代女子有穿大袖宽衣的风尚，《宋史·舆服志》云：“妇人则假髻、大衣、长裾，女子在室者冠子、背子，众妾则假髻、背子。”两宋时期，虽然妇女的装束以窄、瘦、长、奇为主要特征，但也流行过一阵子大袖衫襦、肥阔裙裤。

因阶层不同，女子的服装也不一样。两宋时期，贵族妇女的礼服仍为宽衣长大袖，长裙制式。景德镇窑影青观音坐像身上所穿的外衣为广袖通肩款式，显然带有宋代贵族女子礼服的装束特点。这一细节也进一步佐证了这尊观音造像的烧造年代，突显了宋代女子装束的时代特征。

观音瓷像并非景德镇的独家产品，两宋时期，各大窑口均有烧制，繁荣的观音瓷像市场从侧面印证了两宋佛事的昌盛。

北宋初期，太祖建国后，下旨废止了后周世宗的毁佛诏令，开始复兴佛教。北宋太平兴国五年（980），宋太宗在太平兴国寺内设置了译经院。在大力复兴官译佛经运动、推进佛经翻译事业之外，官方还培养了一批专业的译经人员。

痴迷佛教的宋太宗不但亲自为翻译好的佛经作序，还成立了印经院，专门来印制宣传新译佛经。北宋初期，朝廷对佛教采取保护政策，加之君主的鼎力支持，使得佛教活动十分兴盛。南宋时期，作为全国的政治、经济、文化中心，临安城内高僧云集，佛教也得到了更进一步的发展，踏入了鼎盛时期。

南宋历代帝王尊崇佛教，如孝宗不但时常诵读佛经，还经常向灵隐寺的禅师问道，此外他还提出“以佛修心，以道养生，以儒治世”三道合一的政策思想。光宗时期，史弥远等权臣把持朝政，利用手中特权对佛教大力扶持，格外优容。

有了官方的助力，一时间，佛教寺院如雨后春笋般层出不穷，遍布江南各地。据《咸淳临安志》记载，南宋时期，仅都城临安一地的寺院数量就达到了734 所。至此，杭州佛教在全国佛教的中心地位得以确立。

在宋人清雅之风的洗礼之下，即便是观音瓷像，也多了几分浓郁的艺术气息。如果说，唐代的观音像是写实派，那么宋代的观音瓷像则是文艺范十足的写意派。它将绚丽的色彩淡去，增添了一份典雅；它洗尽了铅华，用最朴素简练的线条去勾画形象。在宋人眼中，观音不再是不食人间烟火的天神，而是化身为和蔼可亲的凡人，仿佛就在宋人身边，人们可随时与之亲近交流。

伴琴的雅器

无论是春秋时期的至圣先师孔子、战国时期的古琴演奏家俞伯牙，还是汉代的文学家司马相如、宋朝的帝王赵佶……古往今来的文人墨客，无论身份高低，皆伴着一尊香炉轻抚琴音。

宋人无香不成雅，而这雅趣自然也离不开香炉。宋人案头的香炉很有讲究，其中与琴相伴之炉又叫琴炉。作为抚琴弹筝时专用的小型香炉，琴炉的口径一般在 10 厘米左右，可置于掌中把玩。

在古代，无论宴会抑或雅集，还是文士的书斋中，都少不了琴、瑟、筝、箫等乐器的身影。为了提升文艺格调，营造高雅的环境，在奏乐时燃香助兴亦是必不可少的环节。琴炉中一炷香燃尽，也就到了停曲之时。天朗气清，一炉香篆，一杯清茗，再聆听一曲弦音悠长的琴音，仿佛置身山野，一呼一吸间都是四溢的清香。

景德镇窑方耳兽足八卦纹香炉
景德镇陶瓷馆藏

作为抚琴时的必备神器，琴炉的炉体以文雅小巧为风尚，如此一来，方能突显雅致。这件景德镇窑方耳兽足八卦纹香炉就是一件可以伴琴的雅器。此三足炉体态小巧玲珑，高10.5 厘米，口径 7.8 厘米，手可盈握，既可为案头陈设，也可伴琴焚香，还可随时放于掌中赏玩。三足炉的造型由铜鼎演变而来，其典雅简洁的整体风格极富时代特征。

仔细观之，炉器呈圆筒状，直壁至底部微微内收，底部较平坦，中央处微微凹陷，下承三足，足端样式是新颖别致的兽足模样。炉体一周刻有道教八卦纹饰，此器通体施影青（青白）釉，釉面淳厚细腻，有玉质感。口沿釉层较薄，器底中央露胎。该炉线条古朴圆润，色清釉纯，纹饰简约，于温和中迸发出坚实的力量，是景德镇窑的经典瓷器。

两宋以来，因世人多以素雅简约为美，故瓷器界也刮起了素面为上的潮流，即突出釉色的清丽和胎质的纯净，瓷器的釉面上极少施以装饰。这时，八卦纹、弦纹等简约的纹饰走进了工匠的视线。除了这种仿古的瓷器器型要依照古器蓝本创造，聪明的宋代陶匠还将八卦纹这一简单的纹饰装饰在器物上，形成独特的艺术风格。

景德镇窑方耳兽足八卦纹香炉因釉色淡雅，古韵十足，常被文人置于琴案一侧，作为伴琴的香炉。

宋人吕大临在《考古图》一书中曾提到："香炉象海中博山，下盘贮汤，使润气蒸香，以象海之四环。"从此处可以得知，香炉在燃香球时，会搭配一个盛水的盘子，袅袅升起的青烟和蒸腾的水汽汇在一起，产生了云雾弥漫宛若仙境的效果。

琴炉与一般香炉的使用方法截然不同。琴炉内直接放入燃烧的香饼或者点上一支香即可，琴炉一次只燃香一支，这样可使香燃而不浊，无尘无垢，无论青烟起或散，皆不见踪影，不着一丝痕迹。在琴炉的香气和余韵中体悟人生百态，感悟人生奥义，这是文人不可名状的雅事。

在宋朝，不同社会阶层对于香的用法也有所不同，香既可以是案头雅供，又可入馔成为舌尖美味。

宋朝的皇帝身体里充满了"文艺细胞"，不但琴棋书画样样精通，还是走在时代前沿的"弄潮儿"，作为四雅之一的香道自然不会落下。香炉与名贵的香药是宋代上层社会在宴会集会时的必备品，宋代皇帝在举办宴饮庆典活动时，不仅要点上香炉焚香，彰显皇室风姿，还常常阔绰地将香药赐给群臣，以示恩宠。

宋仁宗在群玉殿宴请群臣时，曾御赐香药等物；宋哲宗在北郊宫殿建成后，曾在新殿宴请文武百官，召赐茶，又赐香药。这些例子说明香料是被当作奖赏赐给下级的名贵之物。

平民百姓对香料的使用就比较接地气些，他们会将香料融入饮食中，制成别具风格的美食。比如，当时四川人有吃由沉香、檀香等原料制作的“香药饼子”的习惯。还有令人诧异的一点是，宋人娶妻和生子时，也能见到香料的影子，谁叫它是聘礼和贺礼中必不可少的物品呢。

上有所好，下必甚焉。于是乎，在皇家的带动和全民的支持下，香文化在两宋时期达到了全盛，民间形成了一种儒雅的品香风尚。这股“香风”从庙堂刮到了朝野，一直留香后世。轻抚琴弦，听琴音悠悠；拈一段香，看青烟袅袅。一只精致小巧的琴炉，虽静默无言，却留下了未尽的余韵，那余韵是如此绵长而悠远。

建窑，皇帝点赞的斗茶专用盏

皇帝推崇的茶盏

宣和二年（1120）十二月的一天，柔光微漾，柳色青黄处，余香弥漫。素来庄严幽静的皇家庭院里，此时却添了一丝热闹。只见栏楯围护中，翠竹婆娑下，有一大案，案上果盘、酒樽、杯盏，琳琅满目。八九位文人雅士围坐案旁，或持盏，或附耳私语，或端坐聆听，意态娴雅，风神俊朗。忽地，篱边树下，一华服文士模样的人翩然而来，雅士们立刻恭谨地起立，拱手行礼，那文士却来到了案桌旁设的茶床边，找了个座位，用手中的折扇轻点了下桌面："众卿家不必多礼，平日里忙于朝政，今日咱们舒舒筋骨，放松放松，吾请大家喝茶。"

"臣……"文士爽然挥手，淡然微笑，惶恐的谦辞就这样被群臣吞在了肚子里，谁又敢扫了官家的雅兴呢？而这个能放下帝王之尊，亲自为臣子烹茗调茶的皇帝正是素有"茶艺大师”美称的宋徽宗赵佶。

茶床旁放置着茶炉、茶箱等物，旁边的红泥小炉火烧得正炽，煎水待用。赵佶一个眼神递给近侍，近侍取来一组青黑釉色茶盏，静立在一旁。赵佶神色专注地享受着烹茶煮茶的乐趣，他亲自注汤击拂，不一会儿，汤花就跃然于盏面，呈现出疏星淡月的样子，极具典雅清丽之韵。赵佶这才从点茶的意趣中回过神来，将亲手烹制的香茗分给诸臣："这是吾亲手点的茶，诸位尝尝。"诸臣纷纷顿首谢恩，接过御茶品饮。

在场的大臣无一不是"人精"，他们原本想着，无论拿到手里的茶品相如何，都要给足君主面子，捧好场面，但在接过这毫不起眼的黑釉盏后，这种荒谬的想法早就消失得无影无踪了。单看这件黑盏就令人惊叹，釉色青黑的盏身上散布着清晰细长的线条，端详那状如兔毫的细纹正闪着银光，青黑的茶盏搭配清亮素白的茶汤，盈盈的茶水衬得茶盏越发古朴隽秀。而这低调中蕴藏着无限华丽的茶盏，同时让茶的色彩韵味焕发到了极致。兔毫花纹与茶水交相辉映，令人沉醉。

看着一个个显然被震惊到失神的大臣，赵佶心中满溢着喜悦，端起盛满茶汤的黑釉茶盏，将其置于阳光下，茶盏上的曜变圈立刻闪烁起来。而群臣的目光痴痴地追随着因光线的强弱而不断变化光彩的茶盏，看着它在官家手中绽放出犹如钻石般绚丽的色彩。赵佶欣然一笑，缓缓说道："茶色白，宜黑盏。建窑出产的兔毫盏深得朕心。"

和风清扬，欢声笑语中茶韵飘香，这一切美好都被蔡京记载在《延福宫曲宴记》中。宣和二年（1120），徽宗赐宴廷臣，表演点茶之事。在宋徽宗眼里，烹茶煮茶是清雅高尚之举，并不折损他身为皇帝的尊严。单论饮茶之道，赵佶无疑是可与陆羽、蔡襄并列的一流专家兼玩家。身为皇帝，他不仅可以审视天下名茶的品相，品尝到来自全国各地的贡茶，还可以亲自制作御茶。

据《宣和北苑贡茶录》记载，徽宗政和至宣和年间，御茶园不再囿于传统，上贡龙凤团茶，而是根据官家的品味和心思改变了花样。为了博得龙心大悦，北苑官焙制作、上贡了大量命名优雅的茶叶以供这位"艺术皇帝"赏玩，如玉清庆云、御苑玉芽、瑞云翔龙、浴雪呈祥等。

赵佶对白茶情有独钟，他认为这种崖林之间偶然生出的茶属于天地精英的聚萃，世间罕见。对于茶艺之道，有着自己独特追求与品味的赵佶对茶具要求自然也是精益求精。兔毫盏的盛行正是这位"九五之尊"大力推崇的结果。

赵佶不仅喜好品茗茶艺，还亲自撰写了一本茶道专著《茶论》，因这本著作成书于大观元年（1107），故后人也将它称为《大观茶论》。《大观茶论》全书约 3000 字，共 20 篇。书中文笔精炼，见解精辟，是研究宋代茶叶种植、制作和饮茶风尚的重要史料，也是研究宋代点茶艺术的宝贵资料。

赵佶在对“盏”的一篇论述中，首先引用了蔡襄《茶录》中的话：“建安所造者绀黑，纹如兔毫。”然后将建盏大肆夸赞了一番：“盏色贵青黑，玉毫条达者为上，取其焕发茶采色也。”即黑盏上的兔毫细长，根根清晰，从盏边缘直达盏底才是上品，唯有极品兔毫盏才能焕发出茶色之美。

建盏的釉色完美地迎合了宋朝点茶、斗茶的需要，得到了宋徽宗的垂青。因为皇帝的“广而告之”，一时间，建盏风光无限，荣盛至极。钟情建盏的宋徽宗除了著书夸赞外，还常将建茶与建盏这一为点茶而生的绝佳组合写进诗词里。

他在《宣和宫词》里赞誉道：“上春精择建溪芽，携去芸窗力斗茶。点处未容分品格，捧瓯相近比琼花。”意思是春寒料峭之时，精心挑选来自建溪的茶芽，面对芸窗来斗茶。点茶还未分出高下，手里捧着建盏，里面的乳白茶汤比琼花还要美。

建窑兔毫茶盏
北京故宫博物院藏

在另一首《宣和宫词》里，身为兔毫茶盏铁粉的宋徽宗再次高度赞扬了兔毫茶盏的独特魅力："兔毫连盏烹云液，能解红颜入醉乡。"建窑出产的兔毫茶盏里散发着茶芽的香气，那香气如云缭绕，令周边的人都沉浸在忘我的茶韵中，醉倒在梦乡里。至此，黑釉兔毫盏与茶道一起同行，开始了闪耀千年的历史征程。

这件来自宋朝的珍宝全高 5.8 厘米，口径 12.8 厘米，足径 3.9 厘米。撇口，斜直壁，小圈足。胎呈铁黑色，内里满釉。

建窑兔毫茶盏俯瞰图
北京故宫博物院藏

外底未经施釉，腹下部有垂釉，犹如斑斑泪痕。碗口处釉呈酱色，口下渐为褐黑相间，近内底浮现为纯黑色，外底露胎处又为铁黑色。仔细观之，外壁垂釉中均有结晶析出的青黄色线，这细密的丝线乌黑浓稠，随釉流动，宛若秋兔的毫毛，故宋人将它称为“兔毫盏”，俗称“兔毫”。

两宋时期，其实兔毫盏并非建阳窑（简称“建窑”）的独家秘技，我国很多地方如江西、山东、河南、河北等地都有烧制，但是建窑所烧的建盏是所有黑釉兔毫盏中最为著名的。

它不但得到了皇帝宋徽宗的盖章认可，还得到了一众文人的推崇。范仲淹、苏东坡、黄庭坚、秦观、梅尧臣等北宋的文豪名士对它多有溢美之词，陆游、杨万里等南宋诗人也争先为建盏赋诗填词。而“建盏诗词”也成为中国茶文化百花园里一束璀璨绚丽的奇葩。如今在福建建阳的建窑窑址中出土的一些建盏的底部屡有发现“供御”“进盏”等刻识，即是明证。

幽静的午后，端着兔毫盏，嗅着茶香，在朝政中无法喘息的宋徽宗感受到了久违的清和宁静。他不禁喟叹道：“至若茶之为物，擅瓯闽之秀气，钟山川之灵禀，祛襟涤滞，致清导和，则非庸人孺子可得而知矣。”

看！这碗中有整个宇宙

孟夏之日，烈日高悬在空中，原本湛蓝的天空仿佛失去了色彩，只剩下一片火光。然而这炙热的日光并没有让宋徽宗赵佶寒到极点的心得到丝毫温暖，反而灼得他愈加难受。

因为日夜不停地赶路，他的脚底早就磨出了血泡，身上的衣物沾满了飞溅的泥点，嘴唇亦因为干裂，留下了无数道细密的裂缝，就连他那引以为傲、擅写擅画的手也早就伤痕累累，甚至指甲缝里都布满了脏污。

但这只是身体受的煎熬，自打被金军俘去的那一天起，他那高贵的自尊早就被摔打得稀碎……

看着自家父皇一副惶惶然的模样，宋钦宗赵桓连忙跑上去劝慰："父亲，前面有个寺庙，咱们跟带队的首领说一声，歇息片刻吧！"还沉浸在自怨自艾中的赵佶怏怏地点了点头。

走进幽深的庭院，几间低矮陈旧的瓦房映入眼帘，若没有掩在树影里的朱漆木钉大门、莲花装饰木窗作为明证，任谁也想不到这竟是座寺庙。吱呀一声，两人推开古朴的木门，走进庙中。淡淡的檀木香在周身弥漫，镂空的雕花窗棂上洒着斑斑点点细碎的光线。两人这才细细打量起内里，但见一偌大的厅堂里只有两尊巨大庄严的石像矗立在中央，石像下摆放着一石盂、一香炉而已，屋内再无其他供器。

忽有一位胡僧打扮的人从内门掀开布帘出来，见到他们父子二人揖拜后，询问道："二位施主从何处来？"两人对视了一眼，说道："打南边过来。"

胡僧淡笑，叫来两位童子给客人点茶。童子分茶完毕，双手奉上两个青黑茶盏，赵佶端过冒着热气的茶盏，险些流下热泪，别说他最爱的茶了，这一路，他连喝口热水都是奢望！连忙道谢后，赵佶也顾不上自家儿子，咕咚咕咚连忙将茶喝了个干干净净。待牛饮完，他嘴里才咂出滋味来，这茶香竟然比他从前举全国之力得来的顶尖茶叶还要更胜一筹。端着茶盏刚想再讨要一杯，看到手中的器皿，他忽地怔住了，眼前这茶盏竟是他从前最钟爱的建盏。

"难道是从前我太沉迷茶事和玩乐了吗？所以上天才这样惩罚我，让我做了这羞耻的亡国之君啊！"就在赵佶悲愤不已之时，赵桓也被这甘醇的茶水所倾倒，再欲索饮一杯时，才骤然发现胡僧与童子已然去往堂后。出于礼数，父子俩只得在堂前静待。可过了许久，仍不见胡僧和童子出来，二人顿感奇怪，便携手入内相寻。

他们沿着蜿蜒的石子小径往庭院深处走去，葱茏的竹子错落有致地栽在小径两旁。二人一直走到竹林深处，才在翠绿的竹叶下看到一座小室。推开屋门，赵佶父子赫然发现里边竟空寂无人，唯有一尊胡僧石像伫立其中，一旁还侍立着两座童子的石像。两人仔细辨认之后大惊，因这三座石像俨然就是刚才为他们献茶之人的模样。

这个匪夷所思的故事源于《华夷花木鸟兽珍玩考》。北宋亡于金人手中，却以胡僧为二帝献茶。或许这场奇遇就是对宋徽宗过度沉湎茶事、奢靡无度的一种讽刺。

宋代是我国茶事演进的重要阶段，点茶、斗茶以及茶百戏盛行，这与宋代的皇帝酷爱茶道不无关系。在当时，茶作为御赐之物，不但赐给近臣，还恩泽颇有好感的地方官。如宋仁宗就曾经赐小龙团给欧阳修；《宋史·苏轼传》也曾记载，元祐四年（1089），苏轼第二次去往杭州任职时，高太后赏识他，特意遣内侍赐以龙团和银盒，慰劳甚厚。

到了宋徽宗赵佶即位后，宋徽宗不但喜欢谈论茶事，还常常与群臣一起斗茶，而且不斗赢誓不罢休。斗茶之风始于唐，盛于宋。闽北（今福建省北部）的建州，是北宋首开斗茶之风的地域，因为这里盛产极品茶叶建茶。宋朝时期，斗茶所用的茶叶大多为建茶中的白茶。要为朝廷进贡香茗，就要甄选上品、极品的好茶，于是，这里建立并完善了品评茶叶品质的规矩与制度，斗茶之风也油然而生。每逢春天新茶制成，正是斗茶伊始之时。

建州作为有名的茶乡，不但出产的茶叶顶级，就连茶具（建盏）也站在了金字塔顶尖上，傲视群窑烧制的其他茶盏。宋代与饮茶有关的诗词常常出现兔毫盏的身影，《茶具图赞》中甚至将十二种茶具之一的茶盏直接画成兔毫盏的模样，可见其地位之高。兔毫盏是建窑最为典型和产量最大的产品，以至人们常将兔毫盏作为建盏的代名词。但是论起名贵，南宋的传世孤品——曜变天目茶碗才是建盏中最稀缺的存在。

宋代的建窑，亦称“建安窑”“乌泥窑”，以烧黑釉瓷而在世界闻名。建窑所在的建阳当地出产一种富含铜、铁等矿物元素的瓷土、瓷石，这种特殊的瓷土是制作瓷器的优质原材料。烧制出来的瓷器，因含铁量较高，故大多呈现出黑、灰黑、黑褐等颜色。人们根据成品的模样，又给它起名为“黑釉建盏”。

烧制黑釉建盏需要至高的技巧，稍有差池，就会出现不合格的产品。但是，有时候错误也成就了别样的美丽。工匠在烧制黑釉建盏过程中，竟然阴差阳错地生产了少量特殊产品，一种内壁上布满了大大小小的结晶斑点、颜色瑰丽的茶盏。将这些茶盏放置在阳光下，盏内的结晶斑点和茶盏本身会放射出蓝、绿、黄、紫等炫目的光芒，给人一种在浩瀚宇宙中畅游之感。

更神奇的是，从不同的角度去观察这些结晶斑点，会看到不一样的颜色。垂直观看时，茶盏呈幽蓝色；视线斜着时，茶盏又变幻成金黄色。后来人们根据它色彩神妙莫测的特点，为它取名为“曜变天目茶碗”。

遗憾的是，因为曜变天目茶碗的颜色过于靓丽，不太符合以素淡为美的宋人之好，所以这些茶盏并没有得到宋人的喜爱，以至于它的产量极其稀少。而留存到今天的曜变天目茶碗更是屈指可数、十分珍贵。更让人喟叹不已的是，仅存的几件曜变天目茶碗没有留在中国，它们之中的大部分由于侵略战争的野蛮掠夺漂洋过海到了日本，成了日本的国宝。

如今收藏在日本东京静嘉堂文库美术馆中的曜变天目茶碗就是那些茶碗中的佼佼者。虽然此茶碗直径只有 12 厘

曜变天目茶碗
日本东京静嘉堂文库美术馆藏

米，但这小小的碗中却暗藏着星空与宇宙。观赏者观看碗里时，这由炉火馈赠的天然纹样会令人产生置身宁静深邃的星空之下的感觉，而这星空是如此神秘，如此璀璨，像极了那未知的浩瀚宇宙。

而当曜变天目茶碗盛满清水，凝神静观，一个个纹样犹如有了生命一般鲜活，在盏中变幻出星空、云海、银河，甚至整个宇宙的壮观景象。

龙泉窑，如冰似玉的青瓷高峰

梅花与宋人割舍不了的羁绊

梅花的颜色，艳丽而不妖媚；梅花的姿态，苍古而野逸；梅花的芳香，清幽而淡雅。它于严冬中凛然独放，透着些许清冷。梅花神清骨秀，极具美人风姿，自古便有“霜美人”“冷美人”等雅称。我国的梅花文化由来已久，至宋朝达到了兴盛，宋人对梅花的欣赏甚至达到了痴迷的程度。如今广为流传的一些与梅花有关的诗词、典故、绘画大多来源于宋朝。

作为“君子”的化身，梅花颇受宋朝文人的喜爱。诗人极尽笔墨来渲染梅花，以表达自己对梅花的敬慕之情。“梅花傅香雪，冰姿洁”，赞美了梅花冰肌玉骨的绝美清姿。“墙角数枝梅，凌寒独自开。遥知不是雪，为有暗香来。”虽经雪虐风摧，但梅花却依然散发着盈盈的暗香，气节高坚。“驿使何时发，凭君寄一枝”，梅花亦承载了宋人的思念。

这份赞美怎能只留存于诗词中呢？聪明的古代匠人用千种方式、万种模样将梅花带到了人们身边，于是乎，梅花的清绝风姿，便渗透到宋人生活的方方面面。生活用具上有它的影子，衣服上有它的图案，就连酒器都爱用它的造型。

在台北故宫博物院里就有这样一件器物，与其他端庄古朴的名器相比，它就像路边一朵不知名的小花，没那么耀眼，却仍让人惊艳。它素净的釉面上没有任何装饰，只凭着五条突起的筋线就勾勒出一朵栩栩如生、立体感十足的花，它就是龙泉窑青釉梅花式盏。

这件梅花式盏高 4.1 厘米，口径 9.2 厘米，足径 3.6 厘米。敞口，口沿处镶嵌着铜扣，弧形深壁，矮圈足。整器塑成五瓣梅花状，内壁在花瓣交接处形成五道凸起的筋，起伏之间张力尽显，与之相对应的外壁上则呈现凹陷的浅沟。细细端详，条条筋线锐利分明，筋线于盏底交汇，中央贴饰五瓣梅花一朵，极具立体感。

全器内外施青釉，釉层均匀，呈色青翠淡雅，釉面类玉，光泽柔和。盏身满布棕色纹片，因采用垫烧法时足端未施釉，故而露灰白胎体。这五瓣花口比例协调均匀，压棱清晰，极具视觉冲击力，再加上翠色欲滴的釉面，宛如一朵水灵剔透的鲜花。

龙泉窑青釉梅花式盏
台北故宫博物院藏

虽然龙泉窑装烧技术在每个发展时期各有变更，但整体以垫烧为主。垫具大体可分为垫圈和垫饼两类，垫饼一类形状十分丰富，有浅碟式、浅盘式、碗形等。不过同样是垫圈或垫饼，垫烧的位置与具体技艺亦有不同：若器具外底施釉，则在圈足下放置大垫饼；或外底不涂釉，将小垫饼置于圈足内垫烧。

南宋时期，由于龙泉瓷器釉厚胎薄，若将圈足直接放置在垫饼上，器物极易变形，这时工匠们便在器物外底处刮釉一周，再用垫盘或垫圈垫烧。所以，这一时期龙泉窑生产的器

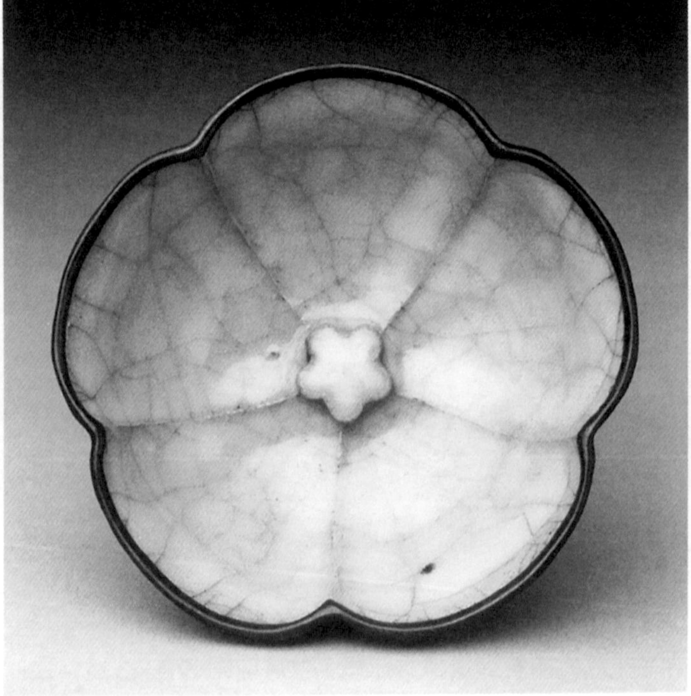

龙泉窑青釉梅花式盏俯瞰图
台北故宫博物院藏

物底部往往会形成不规则的“铁足”或“朱砂足”。如今龙泉窑瓷带着这些斑驳的烧造痕迹，在历史的长河里踏步而来，每一个脚印都代表了它在不同时代留下的光华。

早在六朝时期，瓷器纹饰花样和粘贴工艺就已推广开来，至隋唐时期，贴花技法已趋于成熟。南宋时期，龙泉青瓷紧跟时代脚步不断创新，改变北宋常用的刻、划、印花技法，在器身上采用了贴花工艺，如此一来，纹饰凸出于釉面，不仅提升了立体感，整件瓷器的颜值也随之提升。

龙泉青瓷贴花工艺的核心是特制的花纹模具，首先，在薄泥片上压印出所需的花纹。其次，将花纹外的多余泥料剔除，将印制好的纹样贴到器物上。贴花时，还要额外注意纹样与器物的湿度一定要保持相近状态。最后，经过晾干、上釉、入窑烧造等工序，一件线条婉转流畅、纹饰活泼生动的龙泉窑瓷器方能呈现在眼前。如今，龙泉窑梅花式盏正静静地安放在台北故宫博物院里，它似一片冰凌，从观者的心间轻轻划过，只留下一抹疏淡的孤影和一缕幽香。

其实宋朝文士与梅花的羁绊与他们所处的时代背景也有关系。虽然以宽仁明圣而闻名的宋仁宗缔造了“仁宗盛治”，但看似繁华锦绣、歌舞升平的大宋江山实则已危机四伏。自北宋中叶起，对内，因冗兵、冗官、冗费问题严峻，朝廷出现了巨大的财政危机。贵族豪强肆无忌惮地兼并土地，导致农民起义不断。对外，宋与辽、西夏连年征战。内忧外患之下，亡国的威胁如同阴影一样，一直萦绕在每一个宋人的心头。

宋代民间流传着这样一句俗语：“做人莫做军，做铁莫做针。”宋代“崇文抑武”的特殊政治环境和社会背景使宋人逐渐失去了尚武精神和奋起之心，面对国家危机与生存的威胁，他们虽惴惴不安，却又无能为力，他们能做的就是沉醉在书案之上，在日复一日的浅吟低唱中，消磨自己的一生。他们对未来的期许日益悲观，情思也越发婉转细腻。于是在诗词中，用梅花、兰花这类幽雅冷清的意象自喻，抒发闲适淡泊的人生态度成为文人的最爱。宋代文士用清冷的笔创造了梅花的热潮。

南宋时期，梅花是王公贵族园林里的“常驻嘉宾”，许多王公贵族家中都有梅园、梅坡。《武林旧事》中记载：淳熙三年（1176）十月二十二日，宋孝宗生辰那天，他陪同高宗去皇宫后苑梅坡，观赏早开的梅花。黄昏已至，浮光明灭，低垂的天幕上一轮孤月轻悬。清浅的溪水笼上了一层轻纱，稀疏的影儿恣意地横斜摇曳，月光之下，清幽的芬芳浮动飘荡。原是那荒芜的草棘之间，有一棵寒木树梢，生了数点娇红，一枝瘦梅正迎着寒风昂然盛开。

一次惊艳的基因突变

没有精美繁复的图案，亦没有绚丽浓重的色彩，造型简洁的它似乎一眼便能被看尽。纤细优美的颈部，坚挺敦厚的肩部，灵巧而丰润的盘口向外绵延开去，直颈的双侧装饰着凤耳。这耳是整瓶的点睛之笔，它不仅彰显了稳重与尊贵的格调，也在默默诉说着人世间的变幻沧桑。

到了宋朝，曾在唐朝和五代辉煌一时的诸多窑口已逐步走向了衰落，而龙泉青瓷不仅未被时代裹挟，反而随着岁月变迁，不断地创新求进。到了南宋时期，龙泉青瓷更是渐入佳境，步入了巅峰，其产出的器具造型独特、稳重大方、古朴浑厚而又不失秀丽。器型也丰富多样，如碗、盘、盆、碟等日常生活用具，水注、水盂、笔筒等文房雅器，以及塑像、陈设品等，应有尽有。

龙泉青瓷以仿古代青铜器造型的器物如鬲式炉、汉代铜壶，及仿玉器的琮式瓶等最为精致。但如果说评选龙泉青瓷

龙泉窑凤耳瓶
台北故宫博物院藏

龙泉窑凤耳瓶局部
台北故宫博物院藏

中人气最高的器物，那一定非龙泉窑特有的凤耳瓶莫属了。

如今，这只从南宋穿越而来的凤耳瓶来到了我们眼前。凤耳瓶的瓶身为盘口纸槌形，这种由直颈、折肩、直腹构成的二阶式瓶形是宋代极为高雅的器型之一。细观此瓶，器身颀长，盘口外缘微微凸出，盘面积釉厚，呈现出丰润的盘口面。颈腹之间的连接线条看似平实无奇，实则暗藏巧思，线条只有这般组合，方能达到扎实稳定的目的。瓶颈部两侧各置一华丽的凤首为耳，凤形由模具印制而成，凤首向外伸展，冠羽紧贴瓶器，颈部线条纤细，身躯与器颈呈垂直相连状态，形成优美的凤耳曲度。

瓶通体施粉青釉，釉面凝厚如玉，色泽莹润。盘口处的釉因流动而呈现浅青色，圈足底部作无釉处理。全器造型简洁秀美，观之纯净清灵，气韵古雅，焕发出迷人的艺术魅力。

自宋朝到明初的数百年间，凤耳瓶这一经典器型未曾间断烧造，存世数量较多。但在这一众龙泉窑凤耳瓶中，唯以宋朝的造型、釉色最为精美。千载光阴过，岁月沧桑却未曾掩去青釉凤耳瓶的璀璨风华，它那如美玉般浑然一体的釉色泛着柔和的淡粉，代表了我国历史上青釉烧制的最高水平之一。

青釉是中国瓷器出现最早的颜色釉。商周时期，原始瓷器上就已经有了青黄釉色的身影，这种颜色是青釉的初级形态；至汉朝，制瓷工匠就成功烧制出了釉色纯正的青釉瓷器；至唐代，青瓷工艺日臻完美；到了宋代这个以素净优雅为美的朝代，“绚烂之极，复归平淡”的青瓷得到了全民的认可与推崇。龙泉青瓷，胎白釉青，釉色以粉青、梅子青最为经典，豆青次之。其丰润的青碧釉色、凝敛莹泽的釉面获得了“青瓷釉色与质地之美的顶峰”之赞誉。

北宋时期，龙泉窑的产品皆采用石灰釉为釉料。在烧制过程中，石灰釉遇高温黏度变小，易流釉，导致最后呈现出的釉色较薄，青中带黄。到了南宋时期，龙泉青瓷已走向成熟。掌握了高新技术的龙泉窑工匠以不易流釉的石灰碱釉替代以往的石灰釉，改变了釉的配方。窑工运用多次上釉的技法，使器物达到温润厚重的质地，粉青釉就是这一时期的代表釉色。

粉青釉，顾名思义，青中带粉，其外观淡雅柔和、温润如玉，在光线映照下，会呈现出一种似玉胜雪的艺术效果。由于石灰碱釉在高温下黏度较大，釉料相对稳定，流动性较小，因此这粉青釉色的瓷器亦有乳浊失透的特点。

在釉层失透的情况下，北宋时期，龙泉青瓷盛行的划花装饰显然已经无法与之组合产生绝佳的艺术效果了。于是，堆塑浮雕的技法应运而生，这种凤耳、鱼耳装饰便成了龙泉青瓷的特有招牌。

宋时流行“凤戏牡丹”“凤凰于飞”等凤凰题材的纹饰，尤其注重细节之处。在宋代工匠的精雕细琢之下，凤凰的双翼张开，舒展柔美，层次极为丰富。凤凰这一中华民族的传统图腾自古便受到人们的崇奉与喜爱，是人们祈愿的绝佳载体。龙泉窑所产的凤耳瓶便是取像于凤凰首部、颈部以及其上身处，成耳状的凤凰身形，精细典雅，寓意着吉祥和幸福。故凤耳瓶自南宋出世起，便成为龙泉窑中的招牌器型之一，甚至畅销海外。现如今，日本、美国等国家的博物馆亦有收藏此类器物。

宋瓷外销的繁荣离不开朝廷的扶持。两宋时期，中国的对外贸易通道“陆上丝绸之路”由于宋朝与辽、金的对峙局面而被阻断。无奈之下，宋朝廷把视线放到了开拓海上贸易上。两宋之际，为增加财政收入，朝廷竭力鼓励海外贸易。

宋初十分重视海外贸易，并设立专门管理海外贸易的机构。开宝四年（971），宋太祖在广州设立市舶司，专门管理海外贸易情况。其后又在东南沿海，如明州、杭州、泉州、温州等地，增设了几处市舶司。据史料记载，市舶司负责“掌藩货海舶征榷贸易之事，以来远人，通远物”，即负责招徕外商及商船，管理海外贸易有关事宜。

元祐年间，“浙中自来号称钱荒，今者尤甚”；南宋后期，“钱荒物贵，极于近岁，人情疑惑，市井萧条”。“钱荒”问题一直是两宋朝廷的大问题，为了防止钱币外流，政府曾颁布严厉的禁令，禁止商人携带铜钱出海。于是，商人们便带着陶瓷、茶叶、丝绸等畅销国外的商品，通过“以物易物”的方式与外国人交易，至此，瓷器走出了国门，打开了广阔的海外市场。

南宋外销的瓷数量与规模远远大于北宋。南宋初期，因战乱导致军费开销极大，再加上统治阶层的奢靡风气，财政上入不敷出，“市舶之利”这块“肥肉”就越发得到了朝廷的重视。后来，瓷器成为当时销量最大的外贸产品之一，所以宋时由泉州、密州、广州、明州港口通向海外的航线又被称为“陶瓷之路”。

南宋时期的青瓷外销产品多为龙泉窑青瓷。龙泉地理位置优越，处于瓯江、闽江、钱塘江三江源头，龙泉窑瓷器一方面通过瓯江到达临近海港，从海上通往全球；另一方面，通过陆地丝绸之路走遍亚洲。至此，龙泉青瓷文化在世界上大放异彩，绽放璀璨荣光。

“青如玉，明如镜，声如磬”，龙泉窑青瓷的特色在这只粉青釉凤耳瓶身上集中呈现。这件龙泉瓷中难得一见的稀世珍品已然成为龙泉窑向世人展现它艺术魅力的绝佳明证。

是储水器，还是花器？

端庄大气的瓶身、翡翠般润透的釉色、精巧绝伦的工艺，让整件器物显得那么优雅宜人。尤其修长的脖颈和微扁的圆腹又为器物增添了一份神秘的色彩。在宋朝这样一个极尽风雅的时代，究竟是什么样的机缘，才造就了这件器物？

南宋龙泉窑青瓷长颈瓶，该器圆口，口沿微侈，颈部长直，线条流畅，溜肩圆腹，整体呈悬胆状。全器无任何纹饰，胎骨坚硬，胎质纯净细腻，通体施多层梅子青釉，釉面晶莹润泽，色调可与通透清澈的翡翠相媲美。这件有些神似“蒜苗”的长颈瓶其实是两宋时期十分流行的一种经典瓶式。关于此种器型的用途，有学者将它认作僧人随身携带，用来洗手、洁面的储水器，是净瓶的一种，也有人称它是用来插花的花器：其用途尚未达成统一的结论。除却与众不同的造型，南宋龙泉窑青瓷长颈瓶最为人津津乐道的便是它的釉色——梅子青。

龙泉窑创始于两晋时期，终止于清代。在这一千多年的烧造历史中，唯有南宋至元明之际风光无限。尤其在南宋时

龙泉窑青瓷长颈瓶
台北故宫博物院藏

期，龙泉窑完成了蜕变，从此走向全盛时期。五代至北宋立国之初，龙泉窑一直走在模仿越窑的道路上，并没有形成自己的风格，烧制出来的瓷器无论是釉色，还是质量，都十分普通，消费人群也局限在窑口的附近地区。南宋叶寘在《坦斋笔衡》中直言不讳地说道："江南则处州龙泉县窑，质颇粗厚。"

过了数年，虽然龙泉青瓷未走出越窑的影子，却又开发了诸多新品种，如将花卉、游鱼、婴儿等生活主题用刻花的形式呈现在瓷器上，形成了龙泉青瓷特别的刻画风格。《龙泉县志》记载，北宋太平兴国七年，宋太宗派殿前承旨赵仁济监理越窑，兼理龙泉窑务。虽然没有直说，但朝廷特地指派官员管理龙泉窑务，也就间接证明龙泉青瓷得到了官方的认可，其技艺可以为朝廷所用。可见，这时龙泉青瓷的品质已然有了大幅提升。

北宋末年，龙泉窑正式得到了为皇家服务的机会。"处州龙泉县……又出青瓷器……宣和中，禁庭制样须索，益加工巧。"（庄季裕《鸡肋编》）这种征用民窑，按照宫廷和官府所需再进行生产的模式，就被称为"制样须索"，这也是两宋真正的官窑设立以前采用的"官窑"形式。

可见龙泉窑在北宋末年已经实现了质的飞跃，获得了宫廷的青睐，不然以徽宗皇帝的审美趣味和设计要求来看，一般的窑口绝对入不了他的“法眼”。

绍兴元年（1131），宋高宗赵构正式定都临安，名为“行在”（陪都），实为首都。宋室南渡至此尘埃落定。大量宋人纷纷南迁，这些人中就包含了北方的制瓷工匠，他们带来了北宋汝窑、耀州窑等北方青瓷的制瓷工艺，虽然工匠们身在江南，但无时无刻不在北望。他们一方面希望将传统技艺传承下去；另一方面，一方水土养一方人，他们也在江南找到了新的方向。

龙泉窑抓住了这千载难逢的历史机遇，在追着越窑不放的道路上，茅塞顿开似的刹住了车，然后转弯奔向了创新道路。它将南、北制瓷技艺融汇一体，突破传统，调整了胎釉的配制方法，研发了厚釉技术，携亮眼的梅子青釉色再次闪亮登场，把中国的青瓷工艺推向巅峰。至此，找到了自我的龙泉窑空前地发展起来。

龙泉窑独有的梅子青釉色因色泽饱满、恰似青梅的颜色而得名。梅子青釉对烧造工艺要求极高，其在 1250°C—1280°C的高温和还原气氛下烧造，高温提升了器物的玻璃化程度，所以最后呈现出的釉色青翠欲滴，光润莹亮，色泽堪比翡翠。龙泉窑梅子青瓷器仅在南宋一朝烧造，存世数量极少，十分珍贵。

翠色欲滴的梅子青釉和温润如玉的粉青釉龙泉瓷不仅深受国人喜欢，而且早在南宋时期，就已经远销海外了。南宋宝庆元年（1225），提举福建路市舶司赵汝适撰写的著作《诸蕃志》正式问世。他在这本书中记载了宋代外销瓷出口的国家和地区有34处，如真腊、印度支那的占城、马来半岛的单马令以及菲律宾的麻逸、三屿等地。南宋龙泉青瓷的外销不仅遍及亚洲，还销往了世界上其他国家和地区，成为全球性的商品。

那一抹翠色是八月里那缀在枝头豆大的青梅，如初生婴儿的肌肉般柔嫩莹润。那一片翠色是拈了千峰的碧色，融入柔情的水，用柔美的线条将造型渲染到极致。时光流转，如今，这自带诗情画意的清韵与青翠幽雅的风韵只可在龙泉窑留下的器物上看见了。

吉州窑，国风之光

可以通禅的“秋叶”盏

秋风起，落叶翻飞，于低空中摇曳、盘旋。一片落叶悄然地飘到了吉州窑中，在妙手的镶嵌及炉火的煅烧下，它本应消逝的命运得到了永恒。从此，每一件吉州瓷因为这一片秋叶而更加璀璨，更加夺目，那光芒一直传递到如今。

吉州窑遗址位于今江西省吉安市永和镇，在唐宋时期属于吉州管辖。和钧窑、磁州窑等窑口一样，吉州窑也是按照所在州府的名字命名的。又因为自东汉至南宋，永和一地曾包括东昌县，所以吉州窑又有“东昌窑”“永和窑”之称。自唐代末年，吉州窑开始烧制，至五代时日渐兴盛，到了南宋走向巅峰，是宋朝的八大民窑之一。

吉州窑的产品种类和纹样装饰都十分丰富，按釉色可分

吉州窑黑釉木叶纹茶盏
台北故宫博物院藏

为青釉、黑釉、酱褐釉、黄釉、乳白釉等，其中以模仿建窑生产的黑釉瓷器最为经典。从纹样上看，吉州窑的装饰技法有玳瑁、洒釉、剪纸、印花、堆塑、刻花、剔花、木叶等，其中以木叶和剪纸贴花最具创造性和民族特色，且在瓷器的实用性与艺术性上得到了统一。

作为吉州窑陶瓷的招牌产品，日本人还给变幻无穷的黑釉瓷取了一个雅称——“天目”。吉州窑旗下的黑釉瓷器产品种类繁多，有木叶天目、玳瑁天目、黑釉洒彩、虎皮天目、素天目……但若说起最能展现吉州窑瓷器艺术魅力的代表作，还要数黑釉木叶盏。那么，这种由一片树叶创造特色的器物究竟有何魅力呢？或许从这件传世的吉州窑黑釉木叶纹茶盏上能找到答案。

此盏通高 5.2 厘米，口径 15.2 厘米，足径 3.4 厘米，中等身形，方便只手持盏。观其造型，盏为宽广的敞口，外壁倾斜，呈上丰下窄的斗笠式，上釉后，再以刀修整，刻出足型，浅凹的圈足与足底基本持平。为尽善尽美，底足无釉露胎处还精心涂有褐色的护胎汁。

此盏通体施黑釉，外壁光润的黑釉下还留有拉坯时的制作痕迹。内壁中心处有突起的小尖。一片褐黄色的枯叶悠然地斜躺其中，叶片上可见深浅不一的清晰脉络，细察之下，叶片上还有几处被虫类咬过的残孔，令人惊叹。全器深邃内敛，在写实之外，还带有引人幽思的诗意。见此盏，若见秋叶之静美。

人们常说世界上没有两片完全一样的叶子，传世的吉州窑木叶盏中姿态各异的叶片就是这句话最完美的实证。纵观吉州窑黑釉木叶盏叶片，真是姿态万千，各不相同，有的蜿蜒卷曲，有的平铺舒展，有的跃然盏底，有的横铺内壁，有的恣意竖在盏口……不但长短不一、大小不同，就连颜色、形状都绝无雷同。

从千姿百态的叶片模样就能看出，这些叶片并没有经过刻意挑选，反而是工匠随意取来，信手放入，然后便任由自然去雕琢。除了造型蕴含着天然之趣，吉州窑的黑釉木叶盏还藏着一个惊人的秘密，那就是它看似朴实无华的釉面只要一碰到水，就仿佛“睡”醒了一般，散发出耀眼的光亮。

可以遥想，千年以前，宋人将滚烫的茶汤盈盈倒入黑盏，黑盏在浸润了充足的水分之后，光润明亮，焕发出迷人的光彩。摇摇晃晃的茶汤中，叶片也似乎跟着跃动起来，随着汤水悠荡。在木叶的映衬之下，茶水的品相更加灵动，就连那若有似无的茶香似乎都更加醇厚了。

若没有木叶的装饰，吉州黑釉瓷与宋时各窑烧造的黑瓷并无不同。但就是这看似随意撷取的叶片，使吉州窑黑釉茶盏成为宋代茶器中绝无仅有的新品类。那么这片独一无二的叶片又是怎样被镶嵌进茶盏里的呢？

关于木叶盏的制作工艺，目前学界流行两种说法：一种是在烧制黑釉木叶纹器具前，吉州窑工匠会先在做好造型的胎体上施上一层淡黄色薄釉作为底釉，接着将木叶贴在器体上，为保护木叶不受焚烧，最后会在木叶上施一层透明釉，入窑后烧成。另一种说法是，在将叶片贴近器物前，叶片已经经过了特殊处理——被剥去了叶衣，只剩下叶茎和叶脉这两种丝状物。接着在只剩轮廓的叶片上施上一层与黑釉不同的彩釉，平整地放到盏面粘好。入窑后，高温使含铁量不同的釉色产生变化，釉色流过叶脉，勾勒出叶片的图像。认可第二种说法者较多。

但不管叶片是原样的，还是被修整过的，能将木叶的黄褐色釉与整体的黑釉完美地融合在一个器物中，双色辉映而毫无违和感，对当时的工艺技术来说，不能不说是一个伟大的奇迹。

吉州窑黑釉木叶纹茶盏在给人以视觉冲击之时，也让人不禁深思：作为茶器的它在什么场合使用呢？它盏中的树叶究竟来自什么品类的树？

两宋时期，点茶、斗茶风气浓厚，且无论从造型上，还是釉色上，吉州窑黑釉木叶纹茶盏与宋徽宗钟爱的斗茶“神器”

建盏都极为相似。所以有人推测木叶纹茶盏也是一款特殊的斗茶器具。但这种说法并不周全：一来，黑陶搭配黄纹，再配以白茶，不仅色调有些复杂，不符合审美，而且不方便进行斗茶至关重要的一步——观茶色；二来，吉州窑也出产有兔毫、鹧鸪斑、油滴等著名的斗茶专用盏。所以这个说法还存有争议。

后来人们根据木叶纹茶盏的造型，联系吉州窑的历史及地理位置，提出了新的猜测：吉州窑黑釉木叶纹茶盏很有可能是为寺庙僧人独家定制的茶器。

南宋时期，佛教盛行。而吉州窑所在的永和镇附近有座青原山，据古籍《青原山志》记载，唐朝时期，青原山寺庙云集，僧人众多，是当时著名的佛教圣地，还是吉州窑采集原材料的地方。而同样位于江西的百丈寺是中国佛教禅宗古寺庙之一。唐朝时期，百丈怀海禅师制定了著名的《百丈清规》，《百丈清规》的众多条文中均有茶的身影，书中不仅把种茶、采茶、吃茶等茶艺活动视为佛事，还阐述了茶在寺院中的使用方式及修行意义。所谓“禅茶一道”自此正式诞生。

从历史记载和青原山古寺出土的碗盏来看，宋代吉州窑所在的永和镇一带，禅茶文化十分流行。而细细品味宋时的斗笠形茶盏，这“口大足小”何尝不是佛家宽广胸怀的体现。“一花一世界，一叶一菩提”，吉州窑黑釉木叶纹茶盏里蕴藏的禅茶一味和一叶菩提不正是佛家毕生追求的境界吗？虽缺乏明证，但吉州窑黑釉木叶纹茶盏为佛家的独家定制款，这一种说法情理可通，得到了多人的赞同。

被誉为江西诗派三宗之一的南宋诗人陈与义曾在《书怀示友十首》中提到禅茶文化时说道：“柏树解说法，桑叶能通禅。”若单从此处来看，吉州窑的木叶纹瓷器里用的极有可能是桑叶。

寒风中，举一盏热茶，坐在窗边，淡看秋色。仰头望云卷云舒，黄叶翻飞，低首见木叶在水波中摇曳。风、云、水、叶层层叠叠交织在碧霄下，不经意间，一股悠扬的禅意在这素净的秋色中升腾、蔓延。